JN260571

シリーズ
繰り返す自然災害を知る・防ぐ

古今書院

シリーズ繰り返す自然災害を知る・防ぐ
刊行にあたって

　2005年11月『シリーズ日本の歴史災害　第一巻　手記で読む関東大震災』を皮切りに、全6巻からなるシリーズ日本の歴史災害を古今書院は刊行した。このシリーズの巻頭言で、執筆者でもあり企画者でもある小林芳正京都大学名誉教授は、つぎに引用するようにその趣旨を述べた。今回のシリーズはその趣旨を継承するものである。

　　　　前シリーズ日本の歴史災害　巻頭言より一部抜粋

「天災は忘れたころに来る」という警句は、寺田寅彦のものだといわれている。災害が頻発するので「災害は忘れられないうちに来る」などという人もこの頃はいるようだが、これは取り違えであろう。災害とは、単なる自然現象ではなく、本質的に社会的な現象で、過去の教訓を忘れたときに起こるものだとの戒めだからである。
　この意味で過去の災害の教訓は社会に定着しているだろうか？　われわれは、ほんの少し前の災害の実相も簡単に忘れてしまってはいないだろうか？
　筆者は長年、災害調査・研究に携わってきたが、先人の被災経験が人々にあまり活かされていないことを繰り返し体験してきた。「こんなことはお爺さんからも聞いたことがなかった」というせりふを何度聞かされたことか！
　先祖たちの痛切な体験がたちまち風化して子孫に伝わらないのは悲しいことである。
　科学者の行う災害の分析や理論化は間違っていないとしても、多くの場合、一般市民に訴える力が足りないのではあるまいか？　知識は人々の心に響いてこそはじめて防災力の向上につながる。その意味で、災害研究者としての筆者も、自身の無力を認めざるを得なかった。そして「理論としての防災知

識」を「実感できる防災知識」に脱皮させる必要を感じてきた。それはいつか自分がやらなければならないと考えてきた。

「シリーズ日本の歴史災害」はこのような意図から生まれたものである。そのきっかけは、筆者がかつて奈良県十津川村を訪ねて明治22年の大水害その記録「吉野郡水災誌」に接したときにさかのぼる。これこそこのような力を持った文書だと直感した。事実としての災害経過の記述の中から災害の生々しい実態がひしひしと伝わってきたからである。これはぜひ多くの人々に見てほしいと思った。

全6巻のこのシリーズは、第1巻「昭和二年北丹後地震」（蒲田文雄著）第2巻「十津川水害と北海道移住」（蒲田文雄・小林芳正著）第3巻「濃尾震災」（村松郁栄著）第4巻「磐梯山爆発」（米地文夫著）第5巻「手記で読む関東大震災」（武村雅之著）第6巻「昭和二八年有田川水害」（藤田崇・諏訪浩編）が刊行された。

つづく第二弾として、先の巻頭言で述べられた趣旨をどういうかたちで実現したらよいか、そのような課題をかかえていた矢先、津波防災の研究者であり体験に基づく啓蒙者としていくつもの著書のある山下文男先生が、趣旨にぴったりの原稿を用意して現れた。もちろん先のシリーズがあったからこそであるが、山下先生との意見交換もして、先のシリーズの趣旨を継承しつつ、また反省も踏まえ、新たに今回のシリーズを立ち上げることにした。

自然災害と防災に関する本は多くあるが、古今書院では、「自然災害を知る・防ぐ」（大矢雅彦・木下武雄・若松加寿江・羽鳥徳太郎・石井弓夫著 1989年4月刊、第二版は1996年10月刊）があった。この本の初版には伊勢湾台風のときに高潮災害の範囲を予測した「木曽川流域水害地形分類図」が添えられて、版を重ねた。この本そして、この書名は、早稲田大学総合科目を担当なさった著者たちのコミュニケーションから生まれものだが、その趣旨は、「自然災害から身を守るには、国任せばかりでなく、一人ひとりの防災知識が身を守る。ハードな防災対策でなく、ソフトな防災をまず個人レベルで身につけよう」という一貫した主張を通したものであり、いま、盛んに叫

ばれている「安心・安全の…」標語や「防災教育」などの言葉がまだ盛んになる前のことであった。

　今回のシリーズは、これらを踏まえて、自然災害にたいする心構えをどう育成するか、その教材として過去の災害にテーマを求めている。これまで多くの自然災害に関する調査研究がなされてきた蓄積を活かして、繰り返される自然災害にどう対応したらよいか。先のシリーズの趣旨に加え、「自然災害を知る・防ぐ」の趣旨をも合わせて構成し、ここに「シリーズ繰り返す自然災害を知る・防ぐ」全9巻を刊行する次第である。

津波と防災
―三陸津波始末―
付「津波いろは歌留多」

山下文男著

シリーズ
繰り返す自然災害を知る・防ぐ
第2巻

古今書院

はじめに

　2004（平成16）年12月26日のスマトラ島沖地震津波（以下、インド洋津波）の後「インド洋大津波―映像で迫るその全貌」という、凄まじい映像がテレビで放映された（2005年2月27日、NHK）。
　なかでも、切り立つ壁のようになって海岸に迫って来る津波の不気味さと、その津波が陸地に駆け上がって、片っ端から人々を薙ぎ倒し、集落を破壊していく光景を捉えた映像は、思わずこれが津波だ！　と叫びたくなる迫力であった。
　津波は、深海ではジェット機並みの時速約700km、近海に来てからでも時速200～300kmと、新幹線ぐらいのスピードで押し寄せ、上陸後も通常30～40kmと、大人でも全力疾走しなければ追いつかれてしまう勢いで暴れまわるが、その情況が、百聞は一見にしかずで、映し出されていた。
　明治29（1896）年の三陸大津波、いわゆる「明治三陸津波」も、私が小学校3年生のときに体験した昭和8（1933）年の、いわゆる「昭和三陸津波」も、ともに夜のことだったから、ただ想像するしかないが、もし映像で見ることができていたら、やはり、これと同じように、凄まじい光景だったろうと思う。いや、昭和の津波などは、厳寒の3月3日、氷点下4度から10度という、小雪の積もる寒い寒い夜明け前のことだったから、凍死者があったくらいで、もっと凄まじく、もっと悲惨だったかも知れない。

　明治三陸津波の100周年の年だった1996年の夏、アメリカのナショナル・ジェオグラフィック・テレビジョンが、津波に関する教育用のドキュメンタリー・フイルムを撮影したいといってスタッフが来日したので協力した。
　翌97年3月23日、全米で放映されたという、その50分ビデオを贈ってよこしたが、制作過程でのタイトルは「津波」だったのに、番組名が『キ

ラー・ウエーブ』(殺人波) となっていた。
　「津波」は国際学術用語になっているが、アメリカなどでは、一般にまだあまり知られていない。津波は、むしろ「キラー・ウエーブ」と呼ぶほうが理にかなっているし、人々にわかりやすいということのようだった。
「津波」という言葉は、ほかならぬ「津の波」という、普通の風浪などとは異なった正体を、そのものずばりでいい表しているのだが、なるほど、これはこれとして、災害としての津波の特徴をよくいい表していると思った。
　まさに津波はキラー・ウエーブ。スピードとエネルギーの塊による殺人波。しかも一挙にとてつもない多数の命を奪い去って行く大量殺人波といえるからだ。
　三陸海岸の住民たちが、明治と昭和の2度にわたる大津波の体験を通じて身をもって知ったのも、実はそのこと。この津波に捕まったら最期、まず、ひとたまりもないという死の恐怖であった。

目　次

はじめに

第1章　明治三陸大津波　　1

戦勝気分と節句の祝いの最中に　　1
728戸も一家全滅した岩手県沿岸　　3
天地号泣の声に満ちて　　5
　　表1 明治三陸津波の波高〔宮城県・岩手県〕　　9-10
　　表2 明治三陸津波の家屋・人命被害〔宮城県・岩手県〕　　11-12
被害を大きくした四つの要因　　13
25町村で10m以上の大津波　　15
「津波地震」による不意打ち津波　　19
「津波てんでんこ」の真意　　21
津波体験が仇する場合も　　22
失敗した住宅の高所化　　25
　　コラム「海嘯と津波」　　26
　　被災余聞〔宮城県〕〔岩手県〕　　27
　　コラム「津波の前兆現象を考える　　33

第2章　昭和三陸大津波　　47

厳寒・暁の狂瀾怒濤　　47
　　表3 岩手県津波襲来時刻　　48
生かされた体験と教訓　　49
　　表4 昭和三陸津波の波高〔宮城県・岩手県・青森県〕　　50-51

表5 昭和三陸津波の家屋・人命被害〔宮城県・岩手県〕	51-53
素早い避難が死者を最小限に止めた	57
そのとき人々は、ただ黙々と走った	58
貧しく暗い時代を反映した救援活動	62
見事に成功した住宅の高所移転	66
村の借金で始まった田老村の防浪堤工事	68
「これより下に家を建てるな」の教え	70
被災余聞〔宮城県〕〔岩手県〕	73
コラム「津波石と津波カレイ」	78

第3章　昭和のチリ津波　　86

遙々と地球の裏側から音もなく	86
三陸津波と異なった幾つかの様相	90
被災余聞〔岩手県〕	92

第4章　津波体験の「忘」と「不忘」　　95

「忘れんとしても忘れ難き日」の現実	95
コラム「今村明恒博士と三陸海岸」	97
「忘」の一途を辿る津波体験	98
「語り継ぎの大切さを教えたインド洋大津波	101
津波＝その一瞬が生死を分ける	103
津波と聞いたら金（もの）よりも生命（いのち）	104
「阿波国宍喰浦（ししくい）」に伝わる「不忘」の教え	106
社会環境の変化による伝えることの難しさ	107
津波記念碑の役割と今日的な問題	109
公立博物館の役割と津波伝承館の実現を	110
災害文化に対しても国による照明を	112

第5章　津波防災を考える　　116

宿命的な「津波の国」　　116
防波堤の嵩上げ等、簡単な問題ではない　　117
もう一度、原点に立ち返ろう　　119
　　コラム「リアス式海岸の地形と災害」　　120
今、何が求められているのか　　124
必要な多角的な視点と対応　　125
防災知識は命の保障　　128
むすび――決め手は防災教育　　129

付-1 「丙申大海嘯溺死者諸精霊等」について　　133
　-2 「津波いろは歌留多」　　143
　　　『津波いろは歌留多』の原案について　　152

おわりに　　155

第1章 明治三陸大津波

戦勝気分と節句の祝いの最中に

　明治三陸大津波があったその日、明治29（1896）年6月15日は、当時の庶民生活のリズムであった旧暦でいうと、ちょうど5月5日の端午の節句（菖蒲の節句）。夜、8時頃のことであった。陽の長い季節だから、まだ宵のくちといっていい。
　この年は、2年前からの「日清戦争」の勝利と従軍兵士たちの凱旋で、国中が戦勝気分で沸きかえっていた。東洋一の大国を誇る「清」（中国）と戦って勝利した。台湾その他の領土や権益のほか、2億両（当時の日本円で3億円）もの莫大な賠償金を獲得した。もう英国の都ロンドンで、内金5000万両を手にした。独・仏・露による三国干渉で遼東半島は仕方なく返還したが、それもただではなかった。還付褒賞金として金3000万両を受け取った‥‥等々のニュースが、ここ、東北三陸海岸の村々にまで伝わってきて、それらが後々の不幸につながるものとも知らず、多くは、あたかも自分たちの獲得物や名誉でもあるかのような錯覚した戦勝気分に酔っていた。戦後景気で酒が売れまくり、兵庫県・灘の造り酒屋などは例年より1カ月も早く新酒を売り出すほどだったし、東京などでは呉服屋が空前の売れ行きで大繁盛だったという。
　加えて、この三陸海岸では、春先からの鮪や鰯の大漁つづきもあって、節句の祝いは例年になく賑わっていた。何処の家でも祝いの膳が上がって、男衆の膳には正月以来の御神酒が付く。どんよりとした、いかにも梅雨時らしい日和だったが、節句の夜だというので、人々の出入りも賑々しく、ゆるゆると、今の言葉で云うところのリラックスムードいっぱいでいた。

そうした情況の中で、文字通り、突如として大津波に不意打ちされたのである。

「この日は旧暦の菖蒲の節句に当たればとて、津々浦々は親戚家族打集いて祝い興しつつありしを午後七時を過ぎし頃、大砲の如き音、聞こえければ、怪しみて耳欹つる程こそあれ。雨さえ降りそそぎ、暗き沖の方青く光て、泡なせる高潮の山より高きが打寄来たり、逃るる暇もあらせず……」（大船渡市・洞雲寺門前『三陸大海嘯記念碑』）。

この急襲が如何に物凄かったか。

宮城県の歌津村では、結婚式を挙げている家があって、今しも三三九度の杯を交わそうとしていたが、その瞬間を襲われ、花婿一人を残して一家全滅となった。あまりのことに、その花婿さんもついに気が触れてしまい、津波の後はただその辺を彷徨い歩くだけの日々になったという。

また、岩手県の釜石町では県会議員宅に町長や警察署長など、町の有力者が集まって節句の宴会中であった。ちょうど盃を手にしようとしたとき外で騒ぎ声がしたので、招かれていた警察署長は、火事でもあったのかと、表に出た瞬間に激浪に倒されてしまった（重傷）。

同、山田町の田村家では、一族郎党53人が集まって酒盛りの真っ最中を襲われ、たまたま他所に行っていた一人を残してやはり全滅した。

さらに大槌町では、胸に勲章を下げた凱旋兵士9人を迎えて、歓迎祝賀大会の最中、百雷が同時に落ちて来たような大音響がしたかと思うと、突然、頭から覆い被さるように津波が襲って来て、木っ端微塵、会場は阿鼻叫喚の巷と化したとある。

こうして、北海道6人、青森県で約340人、宮城県で約3400人、岩手県で約18,000人、合わせて約22,000の命が、1時間そこそこ、ほとんど一瞬のうちに奪い去られる前代未聞の大惨事になった。流失、全半壊の被害戸数は、合わせて約1万戸であるから、1戸当たり平均、2.2人が死亡したことになる。

これを近代災害史上、最大最悪の災害であった、後、1923（大正12）年の、かの関東大震災と比較すると、関東大震災における全半壊、焼失の被

害戸数は約423,000戸、死者は105,000余とあるから、1戸平均の死者は0.25人になる。明治の三陸大津波の、1戸平均2.2人に対して、関東大震災は0.25人。ダブリや誤差を考慮しても、明治三陸津波の1戸当たり死者数の比率は、関東大震災のほぼ10倍、ケタ違いに高かったことになる(『理科年表』2006年版)。

728戸も一家全滅した岩手県沿岸部

なかでも岩手県沿岸部の被害は実に壊滅的で、溺死した約18,000人の中、死体の発見されたのは約10,000だけで、8,000人は海の藻屑と化して遺体も揚がらない。流失・全半壊戸数約6,000戸中、一家全滅、すなわち「家族ガ残ラス死ンデシマッタ戸数カ七百二十八戸アリマシタ」(『岩手県議会史』)というほど惨憺たるものであった。

だから岩手県の沿岸部では、明治の大津波で家系が絶え、後を継ぐ親戚もないまま、絶家の止むなきに至った「家」の哀話が、今でもあちこちにあるし、

1700人余が溺死した岩手県唐丹村(現釜石市)海岸の漂着死体

なかには、その屋敷や土地の相続問題などで困り果てている人たちもいる。

2006（平成18）年のことだが、今は釜石市内になっている旧唐丹村の鈴木きみ子さんという方から、こういう手紙を頂いた。

「私の家は鈴木なのに、仏壇には佐々木と川畑の位牌があり、お盆に仏壇を掃除する時、何で姓の違ったのがあるのか、嫁にきて20年ぐらいしてわかりました。それは明治29年の津波で全員死亡した家族のものでした。川畑の家には、少しばかりの畑と土地があったので、家の主人の弟を養子にして川畑の家を再生しようとしましたが、その弟さんも太平洋戦争で帰らぬ人となり、現在は家で3戸分の位牌を所持しております。中に書いてある日付は明治29年旧5月5日の日付になっております。私の家ばかりでなく、絶家になった家があちこちにあります」

いわれて見れば、実は、私の実家でも、同様、2世帯分の霊を弔っている。

分家筋に当たる家だったが、明治の大津波の際、吉松という年寄り一人を残して一家6人が溺死し、再興の気力も体力も失ってしまったその年寄りが、厄介伯父として、実家である私の家で生涯を閉じたので、結局は絶家になってしまった。そのため、津波で死んだ私の祖母ら3人（ウメ、タネ、ツナ）のほか、その伯父が抱え込んで来た6人（オチヨ、クラ、オジョウ、栄治、栄七、ヨシセ）と、合わせて9人もの、津波犠牲者の霊を供養している。無論、きちんとした位牌があるわけでもなく、ただ、俗名を連記した書付があって、毎朝、当主が茶を供え、合掌しているだけである。

また、これは、新聞でも紹介（『朝日新聞』2003年6月7日「天災は忘れた頃にやってくる」）された話だが、私の地域にある公民館では、新築して20年も経つのに、敷地の半分が未だに登記できないでいる。土地の実際の所有者ははっきりしており、その家では故人の供養をしているだけでなく固定資産税もきちんと支払っているのだが、謄本上の名義人が、如何せん、明治の津波で絶家した親戚の人の名前のままになっているため、名義を変更し、登記を済ませようと、所有者と公民館の関係者が何度、登記所に足をはこんでも埒が開かない。

しかし、こうして親戚の者がはっきりしていて供養してもらっているのは、

まだ恵まれた方で「明治29年旧5月5日溺死」として、何人もの名前を刻んだ、いくつもの墓が、親戚が絶えてしまったのか、それとも子孫に当たる人が知らないでいるのか、今では墓地の隅に片付けられている例もある。無縁仏扱いである。

　昨今は「私のお墓の前で泣かないで下さい」（千の風になって）という歌が話題らしいが、百年以上もの昔のこととはいえ、すっかり風化しきって、今では、墓の前で泣くどころか、振り返って見る人もいない。これらの墓の一つ一つ、刻まれている名前の一人一人に、それぞれの津波物語があったと思うのだが、哀れというほかない。

天地号泣の声に満ちて

　さて、九死に一生をえて生き残った人々の直面した最大の問題は、見るも無残な死体の処理であった。

　死体は何れも傷みが激しくて、目を背けたくなるような惨いものばかりだし、なかには、砂をかぶって手や足だけを出しているものもあれば、潰家の下敷きになっているものもある。こういうのを掘り起こしたり、捜し出したりする作業は並大抵の労力でない。

　今日なら、早速、トラックやヘリコプターなどで救援部隊が続々と駆けつけ、後片付けにかかるところだが、その昔のこの三陸海岸では、環境的にそれが至難の業であった。

　なにしろ、6月15日の夜8時にあったこの大津波のことを盛岡にある岩手県庁が知ったのは、10時間も経った翌朝午前6時、陽が上がってからのことであった。それも青森県庁からの急電、つづいて「被害甚大」らしいとの宮城県庁からの電報によって、はじめて事態の重大さがわかってきたというほど、岩手県では、内陸部と沿岸部の間が北上山系に連なる山々によって遮られており、どこの村に行き来するにも険しい峠越えをしなければならない。こういうわけで、大津波の知らせを受けた内陸部の官吏や警察官、また一般の人たちが「仙人峠」とか「九十九曲がり」といった難所越えをして現

片月怒涛を照らし、溺る者顔色青し〔水野年方〕

地に駆けつけて来るまでの間、被災地はまったくの孤立無援の状態であった。この点、海岸伝いに県庁のある仙台とつながっている宮城県の被災地とは大違いで、救援の手がのびるのに、ほぼ2日間は後れている。そのため、取り敢えずは生き残った者たちの自力で死体を集めたり処理したりしなければならなかった。

　例えば、私の生まれた旧綾里村（現大船渡市内）の石浜地区。

　波高13mで28戸中、26戸が流され、人口187人の中、146人が溺死して、生き残ったのは、わずかに41人にすぎなかった。しかし、41人が生き残ったといっても、なかには重傷の者もいれば年寄りや子どももいるから、差し引きせいぜい20人前後の者で、その何倍もの溺死体を掘り出したり、運んだり、葬ったりしなければならない。

「死者は頭脳を砕き、或いは手を抜き足を折り実に名状すべからず」

「親の屍にすがりて悲しむものあり、子の骸を抱きて慟哭するものあり、多くは死体変化し、父子だも尚その容貌を弁ずるに能はざるに至る。頭足、所を異にするに至りては惨の最も惨たるものなり」(大船渡市綾里地区所在の『明治三陸大津波伝承碑』)

　火葬というのも、簡単なようで実に手間ヒマを要する作業で、これまたままならない。季節は6月中旬の梅雨時である。2日も経つと死体が腐んで手の施しようがなくなる。葬式どころか、終いには精根尽き果ててしまい、その辺の麦畑などにただ穴を掘って埋めてしまったのだという。場所は不明だが、麦畑に運ばれ、埋められようとしている、直前の死体を撮った写真なども残っている。

家屋の残骸の間から発見された死体〔宮城県場所不明〕

　後、七回忌などの折に、海から石を拾って来て、形ばかりの墓を建てて埋め直したり、法事を行ったりした家もあったが、結局、そのままにされてしまい、顧みられなかった死体が少なくなかった。こうして、前記、私の実家

「漂着せる女子の死体を荒縄で縛し戸板に載せて埋葬地（麦畑）に運搬せる有様。両眼は鳥のため抜き去られ酸鼻の状況紙に尽くし難し」〔毎日新聞社所蔵〕

の分家で死んだ6人なども、何処に埋められてしまったものか、可哀相にも、皆目わかっていない。

　無論、こんな事態は私の生まれた村や地区だけではなかった。

　仙台の陸軍第二師団から工兵隊が死体の処理に出動し、海軍からも軍艦3隻が出動して、海上を漂流する死体の捜索と収容に当たったが、作業は困難をきわめたという。

　岩手県の山田町（溺死828人）では、津波から6日経った6月21日になっても、死体の処理に困って、海岸にただ積み重ねていると新聞（『東京日日新聞』）に書かれているし、釜石町（溺死3,765人）では、石応寺というお寺の門前に多数の死体が集められているが、傷みが酷くてどこの誰かもわからない。心当たりの者は引き取るべしとの警察の立札が建てられているとの記事もある（同）。

　要するに、沿岸一帯、筆舌に尽くせない惨状であった。現地に到着した東京の新聞記者も「天地号泣」に満ちているとして、つぎのように悲痛な記事を発信している。

「人生惨事多しといえども、おそらくは大津波の惨なるより甚だしきはなからん。予、今、この地に来たりて各地被害の状況を諸君の前に報ぜんとしても、筆をとれば惨憺たる光景歴々として眼前に映じ来るも、如何に文字を写して可なるべきかを知らず」

「生存者呆然たり。万死の中に一命を拾いたれど父母は死し、妻子は行方知れず、家具などは悉く流失して手に一物もとどめず。さなればなすべきこともなく、みな呆然として磯辺に座して、恨めしげに海上を睨むのみ」（津波から4日後の宮城県志津川町の状況。『東京日日新聞』の佐伯記者）

「暗澹たるその光景はいかなる文豪ありといえども、おそらくはこれが形容の辞なきに苦しむべし……高楼画閣に起伏し、暖衣飽食するの素封家は、せめて一宵の肉陣の費、食前一杯の酒を減じてこれら惨民を救え！」（津波から6日後の岩手県釜石町の状況。前同、石塚記者）

　つぎに、明治三陸津波の「波高」「家屋と人命被害」の各一覧表を示す。

表1-1 明治三陸津波の波高（宮城県）

大川村〔現石巻市〕	記載なし			
鮎川村〔現石巻市〕	鮎川＝2.1m			
大原村〔現石巻市〕	谷川＝3.4	鮫浦＝3.1	小淵＝2.4	大谷川＝4.9
	小網倉＝2.1			
十五浜村〔現石巻市〕	雄勝＝3.1	荒＝8.8	船渡＝3.6	名振＝3.4
	浪板＝2.4			
十三浜村〔現石巻市〕	相川＝4.6	小指＝4.6	大指＝5.2	大室＝4.2
	小室＝4.7	小泊＝6.2	立神＝4.7	白浜＝2.7
女川村〔現女川町〕	女川浜＝2.7	御前浜＝3.1	石浜＝2.4	尾浦＝2.4
	野野浜＝3.1			
志津川町〔現南三陸町〕	志津川＝2.1	清水＝3.4	細浦＝3.7	
戸倉村〔現南三陸町〕	波伝谷＝3.2	藤浜＝5.2	寺浜＝6.8	長清水＝4.9
	折立＝2.7	水戸辺＝0.9	瀧浜＝4.0	
歌津村〔現南三陸町〕	港＝6.5	田ノ浦＝7.5	石浜＝14.3	名足＝9.4
	中山＝10.8	馬場＝7.5	伊里前＝3.4	
御嶽村〔現本吉町〕	大沢＝8.2			
小泉村〔現本吉町〕	二十一浜＝7.9	蔵内11.5		
大谷村〔現本吉町〕	大谷＝5.2			
松岩村〔現気仙沼市〕	記載なし			
階上村〔現気仙沼市〕	杉ノ下＝5.6			
大島村〔現気仙沼市〕	記載なし			
鹿折村〔現気仙沼市〕	記載なし			
唐桑村〔現気仙沼市〕	只越＝8.5	石浜＝8.5	小鯖＝7.5	宿＝4.3
	鮪立＝4.3	舞根＝5.9	大沢＝6.4	

宇佐美龍夫『日本被害地震総覧』山口弥一郎『津波と村』松尾春男「三陸津波調査報告」三好寿他外の「明治29年の三陸巨大地震の真の波高研究」№1～2などによる

　表2-2で見るように、岩手県では沿岸37町村のうち、死者1000人以上を数えたのが、釜石町（3765）をはじめ、田老村（1867）、唐丹村（1684）、綾里村（1269）、鵜住居村（1028）の5町村、500人以上1000人以下が、山田町（828）重茂村（764）、船越村（804）、末崎村（676）、大槌町（600）広田村（518）の6町村、100人以上500人以下が、赤崎村（455）をはじめ16町村。100人以下は10町村で、死者ゼロの町村は1村もなかった。

　また、宮城県では17の沿岸町村のうち、死者500人以上が、唐桑村（836）と歌津村（799）、100人以上が、階上村（437）など5町村、100人以下が7町村で、死者ゼロは鮎川村1村だけであった（表2-1）。

　なお、この大津波の死者数を26,000人余、乃至は27,000人余としてい

表1-2　明治三陸津波の波高(岩手県)

村町	地点			
気仙村〔現陸前高田市〕	長部＝3.4m			
高田町〔現陸前高田市〕	記載なし			
米崎村〔現陸前高田市〕	記載なし			
広田村〔現陸前高田市〕	六ケ浦＝9.0	集＝26.7	泊＝7.6	
小友村〔現陸前高田市〕	三日市＝2.4	唯出＝10.7		
末崎村〔現大船渡市〕	泊＝8.0	門ノ浜＝8.9	細浦＝6.7	
大船渡村〔現大船渡市〕	下船渡＝5.5	茶前＝3.2		
赤崎村〔現大船渡市〕	宿＝2.7	永浜＝5.5	蛸ノ浦＝6.1	合足＝18.0
綾里村〔現大船渡市〕	白浜＝38.2	小石浜＝10.4	港＝10.7	石浜13.0
	田浜＝11.0			
越喜来村〔現大船渡市〕	甫嶺＝13.3	浦浜＝9.8	崎浜＝11.6	
吉浜村〔現大船渡市〕	根白＝13.6	本郷＝24.4		
唐丹村〔現釜石市〕	大石＝12.5	荒川＝13.0	小白浜＝16.7	本郷＝14.0
	花露辺＝13.8			
釜石町〔現釜石市〕	平田＝7.5	釜石＝7.9	嬉石＝4.4	
鵜住居村〔現釜石市〕	室浜＝6.9	片岸＝6.4	桑浜＝8.5	白浜＝8.5
	箱崎＝8.5	両石＝11.6		
大槌町〔現同〕	浪板＝10.7	吉里吉里＝10.7	安渡＝4.3	大槌＝2.7
船越村〔現山田町〕	大浦＝7.9	田浜＝9.2	船越＝10.5	
織笠村〔現山田町〕	跡浜＝4.4	細浦＝4.4	織笠＝3.4	
山田町〔現山田町〕	山田＝5.5			
大沢村〔現山田町〕	大沢＝4.0			
重茂村〔現宮古市〕	鵜磯＝8.2	音部＝9.2	千鶏＝17.1	姉吉＝18.9
津軽石村〔現宮古市〕	記載なし			
磯鶏村〔現宮古市〕	白浜＝8.5	金浜＝4.0	高浜＝7.3	磯鶏＝6.1
宮古町〔現宮古市〕	宮古＝4.6			
鍬ケ崎町〔現宮古市〕	鍬ケ崎＝8.4			
崎山村〔現宮古市〕	記載なし			
田老村〔現宮古市〕	小港＝10.0	樫内＝10.0	下攝待＝10.0	田老＝14.6
	乙部＝13.6			
小本村〔現岩泉町〕	茂師＝20.2	小本＝12.2		
田野畑村〔現同〕	島越＝19.6	羅賀＝22.9	平伊賀＝15.8	明戸＝12
譜代村〔現同〕	堀内＝12.9	大田部＝15.2	譜代＝18.1	
野田村〔現同〕	玉川＝18.3	下安家＝9.2		
宇部村〔現久慈市〕	小袖＝13.7	久喜＝12.2		
長内村〔現久慈市〕	大尻＝23.0	二子＝23.0		
久慈町〔現久慈市〕	港＝15.7			
夏井村〔現久慈市〕	記載なし			
侍浜村〔現久慈市〕	麦生＝26.0			
中野村〔現洋野町〕	小子内＝20.0			
種市村〔現洋野町〕	川尻＝12.0	大浜＝12.0	八木＝10.7	

宇佐美龍夫『日本被害地震総覧』山口弥一郎『津波と村』松尾春男「三陸津波調査報告」三好寿他外の「明治29年の三陸巨大地震の真の波高研究」No.1～2などによる

表2-1 明治三陸津波の家屋人命被害〔宮城県〕

町村名	被害前戸数（戸）	流失全半壊（戸）	被害前人口（人）	死者数（人）	死亡率（％）
大川村〔現石巻市〕	117	1	706	1	0.1
鮎川村〔現石巻市〕	82	0	477	0	0
大原村〔現石巻市〕	205	11	1292	1	0.1
十五浜村〔現石巻市〕	579	140	3573	58	1.6
十三浜村〔現石巻市〕	238	89	1827	211	11.5
女川村〔現女川町〕	414	36	2521	1	0.3
志津川町〔現南三陸町〕	292	204	1773	371	20.9
戸倉村〔現南三陸町〕	256	63	1901	64	3.4
歌津村〔現南三陸町〕	512	293	3474	799	23
御嶽村〔現本吉町〕	58	2	397	2	0.5
小泉村〔現本吉町〕	231	61	1555	219	14.1
大谷村〔現本吉町〕	183	85	1969	319	18.8
松岩村〔現気仙沼市〕	124	1	1013	1	0.1
階上村〔現気仙沼市〕	248	104	1512	437	28.9
大島村〔現気仙沼市〕	249	23	1914	61	3.2
鹿折村〔現気仙沼市〕	16	10	144	6	4.2
唐桑村〔現気仙沼市〕	514	248	3947	836	21.2
宮城県合計	4318	1371	29995	3387	151.9

注＝被害前戸数、同人口の合計は多少違うが原表通り。『宮城県海嘯誌』による。

る文献が今日でも一部に存在している。

　この数値は、岩手県の死者数を23,000人余、乃至は24,000人余と見なす資料を基礎として、これに宮城県や青森県の死者数を加えたものであるが、津波の40日後に開会された岩手県議会において当時の服部一三知事は、岩手県での死者数を24,000人などとするこの数値は、調査過程での過度的、概略的なものであって、最終的にいうと岩手県での死者数は18,158人（表2-2に示した数値）に落ちついたと報告し、これが今日でも岩手県当局による公的なものになっている。

　ただ、私の検討によるとこの死者数も絶対的なものとはいえない。

　18,158人の町村別内訳と寺の過去帳などを照合すると、多かったり少なかったりで、必ずしも一致しないからである。被害の大きさと当時の混乱した情況から考えて無理のないことといえる。したがって私は、意識的に端数を付けず、岩手県の死者は約18,000人、それに宮城県の約3,400人、青森県の約340人などを加えて、明治三陸大津波の死者は全部で約22,000人とすべきである（『哀史三陸大津波』青磁社）としてきた。そして、これが、

表2-2 明治三陸津波の家屋人命被害〔岩手県〕

町村名	被害前戸数(戸)	流失全半壊(戸)	被害前人口(人)	死者数(人)	死亡率(%)
気仙村〔現陸前高田市〕	137	38	1017	41	4.1
高田町〔現陸前高田市〕	14	1	111	22	19.8
米崎村〔現陸前高田市〕	46	21	259	25	9.7
小友村〔現陸前高田市〕	121	82	778	211	27.1
広田村〔現陸前高田市〕	342	166	2093	518	24.7
末崎村〔現大船渡市〕	219	173	1721	676	39.3
大船渡村〔現大船渡市〕	189	83	1433	110	7.7
赤崎村〔現大船渡市〕	393	185	3136	455	14.5
綾里村〔現大船渡市〕	367	296	2251	1269	56.4
越喜来村〔現大船渡市〕	316	126	2395	460	19.2
吉浜村〔現大船渡市〕	87	36	1059	204	19.3
唐丹村〔現釜石市〕	446	364	2525	1684	66.4
釜石町〔現釜石市〕	1105	837	6986	3765	53.9
鵜住居村〔現釜石市〕	474	228	3144	1028	32.7
大槌町〔現同〕	1172	523	6983	600	8.6
船越村〔現山田町〕	457	375	2332	804	34.5
折笠村〔現山田町〕	334	88	1902	72	3.8
山田町〔現山田町〕	799	555	4413	828	18.8
大沢村〔現山田町〕	212	198	1197	415	34.7
重茂村〔現宮古市〕	239	165	1588	764	48.1
津軽石村〔現宮古市〕	404	13	2829	16	0.6
磯鶏村〔現宮古市〕	268	142	1536	100	6.5
鍬ケ崎町〔現宮古市〕	677	295	3818	125	3.3
宮古町〔現宮古市〕	981	31	5782	70	1.2
崎山村〔現宮古市〕	47	39	292	129	44.2
田老村〔現宮古市〕	345	345	2248	1867	83.1
小本村〔現岩泉町〕	174	144	820	364	44.4
田野畑村〔現同〕	93	53	529	232	43.9
譜代村〔現同〕	149	78	925	302	32.6
久慈町〔現久慈市〕	156	101	1164	212	18.2
宇部村〔現久慈市〕	112	52	766	191	24.9
長内村〔現久慈市〕	103	4	686	20	2.9
夏井村〔現久慈市〕	59	18	381	41	10.8
侍浜村〔現久慈市〕	193	4	1407	23	1.6
野田村〔現同〕	206	101	1352	260	19.2
中野村〔現洋野町〕	232	31	1870	68	3.6
種市村〔現洋野町〕	335	45	2377	186	7.8
岩手県合計	12003	6036	76105	18157	23.9

注＝原表には、浸水戸数や重傷、軽傷などの記載もあるが省略した。『三陸大海嘯岩手県沿岸被害調査表』収録「岩手県管内海嘯被害戸数及人口調書」〔明治29年7月15日調べ〕による。

学界やジャーナリズムでも、今日、ほぼ定着している。

被害を大きくした四つの要因

　それにしても、なぜ、このように途方もない多数の命が奪われることになったのか？　原因を探ると、不幸中の不幸で、いくつもの悪要因が重なったためであった。
　まず一つは、この津波は、歴史的にもごく稀に見る巨大津波であった。その規模について東大地震研究所の阿部勝征教授は、地震の規模（M ＝ 7.2）から予想される津波の高さよりも約25倍も高い、津波マグニチュード（Mt）8.6の大津波だったと述べている（『巨大地震－正しい知識と備え』読売新聞社）。
　国立天文台が編集している『理科年表』などでは、津波の発生した地震ごとに、波高と被害状況を考慮したランク付け（「今村・飯田による」）をして、

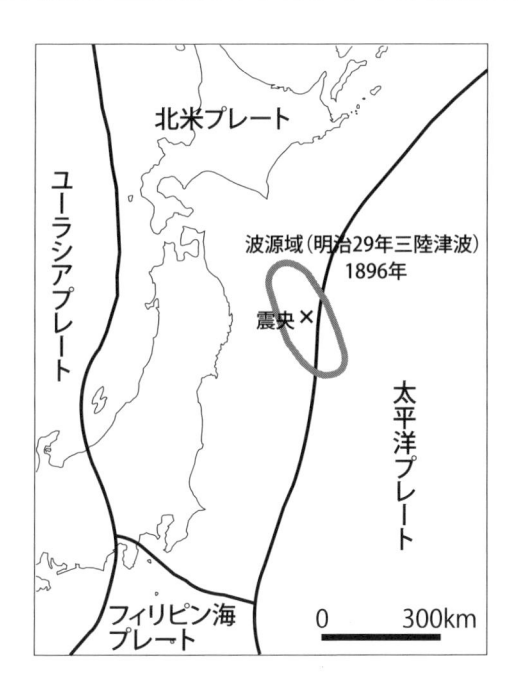

規模の小さいほうから〔0〕〔1〕〔2〕〔3〕〔4〕の符号を記している。

これによると、明治三陸地震津波は「最大30m以上」の〔4〕にランクされており、明治以来、今日までの約140年の間の津波で、この〔4〕にランクされている大津波は、明治三陸津波と、もう1つは、はるばると地球の裏側から走って来て、日本の全太平洋岸に被害をもたらした1960（昭和35）年の、かのチリ津波だけとなっている。

よく、三陸海岸は「津波常襲海岸」だと、たいへん津波の多い海岸であるかのようにいわれている。元をただすと、今村明恒という、昭和の津波後に岩手県の復興アドバイザーになった有名な地震学者が、三陸海岸が40年足らず（37年）の間に、明治と昭和と、2度も大津波に襲われたことと、関連して、恒久的な津波対策としての住宅の高所化を説くために少々、刺激的に述べた「津波常習海岸」という言葉に由来している。だが、三陸海岸といえども、昨今の研究者や新聞記者が「常襲海岸」という造語までして強調しているほど、実際には、そう度々、津波に襲われてきたわけではない。〔4〕の規模にランクされる巨大津波になるとなおさらのことで、この大津波は、今村明恒博士が、三陸海岸における巨大津波の双璧と述べた、遡ること285年も前の、いわゆる慶長の大津波（1611〔慶長16〕年、M=8.1）、さらに遡ると、1027年も前のいわゆる貞観の大津波（869〔貞観11〕年、M=8.3）以来の、大津波であった。貞観の大津波も、慶長の大津波も、人口密度のたいへん少ない時代にも関わらず、ともに1,000人以上の溺死者を記録している。

要因の二つ目は、これはリアス式海岸の地形的な特徴ともいえるが、集落の多くが、一般に海辺に近い、低くて狭い平地、例えば田老村田老の1～3m、大槌町大槌の1m、釜石町の釜石で1.5m、唐丹村の本郷で2m、綾里村港の1.5mというような低地に軒を連ねていたことである。しかも、その家々の多くは、映画の時代劇で見る百姓小屋のように、ちっちゃな杉皮葺き、あるいは茅葺きの平屋ばかりで、2階建ての家など、村に何軒もなかった。そこに、5～6mから10m、果ては20m、30mという、例えていうなら近代的なビルのような高さの大津波が、頭から覆いかぶさるようにして襲って来

たのであるから、文字通りの木っ端微塵でひとたまりもなかった。

　まだある。三つ目の要因ということになるが、加えて事前の地震の揺れ方が、震度2〜3の弱震だったために、誰一人として津波の襲来を予想した者がなく、完全に不意を突かれたことである。今日でいうところの「津波地震」による大津波の急襲である。

　さらにいえば、四つ目の要因として、この津波の40年前にあった、『理科年表』では〔2〕とランクされている安政3年の津波（1856年8月23日、M=7.5）の体験などから、当時の人たちが、津波をあまり恐れず、比較的甘く考えていたとの指摘もある。そのため、津波だと分かっても、一般に、避難動作が機敏でなく「助かるべき者も溺死した例が多い」と、当時の報道にある。

25町村で10m以上の大津波

　そこでまず、最初にあげた巨大津波ということであるが、これについては、まず表1-1、表1-2の「明治三陸津波の波高」（9〜10頁）一覧表を参照されたい。

　岩手県内の被災地で文献に波高が記録されているのは、被害のあった37町村中の32町村だが、うち、3m〜5mが4町村で、他の28町村はすべて5m以上となっている。気象庁による大津波警報の目安は、3m以上の津波が予想される場合（『理科年表』）となっているから、すべての町村で大津波が記録されたことになる。さらに、その中の、小友、赤崎、越喜来、唐丹、鵜住居、大槌、船越、重茂、田老、譜代、野田、宇部、久慈、種市の14町村では10〜19m、広田、吉浜、小本、田野畑、長内、侍浜、中野の7村で20〜29m、綾里の白浜海岸では、実に32.8mという本州津波災害史上の最高波を記録している。

　要するに被害町村（37）の実に半数以上が10m以上の大津波に襲われたことになる。ビルの高さでいえば、5、6階、乃至は7、8階のビルのような高さであるから、まさに巨大津波と呼ぶに相応しい大津波であった。

岩手県大船渡市綾里地区白浜、明治三陸津波波高 38.2m の水位標　　近くに建つ「明治三陸大津波伝承碑」

　ところで、三陸海岸の綾里湾（大船渡市）白浜海岸から駆け上がって来た38.2m（土木試験場、技師・松尾春男の測量）の巨大津波が、南隣の湾から駆け上がって来た津波と合流した伝説の地点をめぐって、近年、とんでもない誤解と誤報を見るので、後々のためにも、この際、正確にしておきたい。

　まず、大船渡市綾里地区大明神に建立されている『明治三陸大津波伝承碑』の中で「野を越え山を走りて道合に至り両湾の海水連絡するに至る所謂水合か」（『綾里村誌』）と書かれている「両湾」とは、典型的なV形の湾である綾里湾と、その南隣にある、通称「港湾」と呼ばれている小さなU字形の湾を指している。そして、駆け上がって来た両湾の津波が合流した地点とは、綾里湾奥から南隣の港湾方向に至る道筋の小峠に当たる「道合」という、姓でもあれば屋号でもある家（綾里大明神1-1）の周辺を指している。今は道路の整備や家が増えてわかりにくいが、此処は昔は「道合」という一軒家であり、周辺は「道合の峠」などとも呼ばれて、二つの湾奥の集落を分ける分岐点＝いわば峠になっていた。要するに綾里湾から駆け上がって来た津

波（38.2m）が、此処を超えて行って南側の港湾から駆け上がって来た津波（10.7m）と合流した、「両湾の海水連絡するに至る」とされている訳である。だから此処は、元々は「道合」ではなくて「水合」ではなかったのか？　と『綾里村誌』は、ついでに疑問を投げかけている。

ところが「地元の津波研究家・山下文男」の話として、
「北側の越喜来湾と綾里湾に押し寄せた津波が峠でぶつかり、さらに波が高くなった。両湾とも漁村は全滅した」（2004年6月3日『毎日新聞』）、

とか、「津波の語り部」である山下文男が語ったこととして、
「この峠で、綾里湾と北側の越喜来湾に押し寄せた津波がぶつかって波が高くなり、漁村は全滅した」（2006年6月1日『朝日新聞』岩手版の「岩手見聞録」）

などとする新聞記事があり、そのうえこの記事などは「デスクトップ・アサヒ・コム」で全国的に流され、ある映画会社の津波防災ビデオのシナリオの中で、そのまま私の発言になろうとしていることを最近になって知って驚いてしまった。私の迷惑もさることながら、問題は、北側か南側かという単純なことではなく、歴史津波として有名な明治三陸津波における具体的な災害情況に関わる問題であり、史実と違ったことが次々と流布され、一部ではあっても「事実」として書かれたり、これをたよりに現地に訪れる人がないとも限らないからである。

確かに私は、両紙の記者の訪問を受け、この問題に関して話しているが、そもそも、一応、地元のことを熟知し、この地にある『明治三陸大津波伝承碑』の碑文や解説文の案文まで執筆している私が、綾里湾の津波が北側の越喜来湾の津波と峠で合流したなどと、そんなことをいうはずがなく、まったくの誤解であり誤報である。おそらく、南隣にある「港湾」というのは地図に湾名の記載がなく、地図に記載されている「隣の湾」といえば、北側の越喜来湾だけなので、ああ、これか？　と、早とちりして書いてしまったものと思われる。『朝日新聞』の記事のこの下りが、前に掲載された『毎日新聞』のそれと、実に、よく似ているのも気になる。いずれにしろ、北側の越喜来湾との間にある峠は、200m以上もあって、38.2mの津波が越えられるはず

濁浪百五十尺、山の如く立ちて家々を捲き去るの図〔尾形月耕〕

もない。『朝日新聞』に、事の次第を話して訂正方を申し入れたところ、直ぐ「アサヒ・コム」の記述を削除したとのことであるが、ほかにも、同様の記述が「山下文男」の語ったこととして出回っているという。

　なお、これらの記事と関係があるのかどうかはわからないし、山下の名前が出てくるわけでもないが「監修日本地震学会会長大竹政和」とされている『防災力！宮城県沖地震に備える』（創童社）という本の中にも「明治三陸地震津波」に関する無署名の解説文として「綾里湾と隣り合う越喜来湾に同時に浸入した津波は岸辺を飲み込んで大きく膨れ上がって峠で合流してさらに波高が盛り上がり」と、ほぼ同様のことが、見て来たように書かれている。監修者である大竹氏の見落としによるものと思って訂正するよう助言したところ、早速、返事があって、指摘の点、重版の機会にでも修正するといってきた。大竹教授をはじめ、この本の執筆者として名を連ねている東北大学の

教授の方々が執筆したものとは思えないが、そもそも、この種の本で無署名の解説文というのはどうかと思う。

「津波地震」による不意打ち津波

　三つ目の、不意打ちを喰ったという問題も少々、立ち入って検討したい。
　不意打ちを喰ったというと、いや事前に地震があったはずではないか？という当然の疑問が出てくる。確かに、地震はあるにはあった。30 分ほど前のことだったが、ゆーら、ゆーらといつもより長い感じの地震だったという。
　当時の人たちも、津波の前には地震があるということを一応知っていた。40 年前の安政 3（1856）年 8 月の津波のときは、事前にかなり強い地震（震度 4 〜 5）があった。しかし、今回の地震は、いつもより長い感じの地震ではあったが、現在の震度階でいえば、せいぜい震度 2、3 程度の弱い地震。気付かない人もあったたくらいで、誰ひとりとして津波の前触れだなどとは思わなかったし、無論、警戒していなかった。私の祖母なども、節句の膳を上げ終わってから乳飲み子を抱いたまま、海抜 13m の、ちょっとした高台に建つ自宅を出て、海岸近くにある定置漁場の番屋まで用足しに出かけている。地震を感じたのか？　感じてもたいしたことがないと思ったのか？　いずれにしても、津波のことなど、頭になかったからであろう。同時に、父の許嫁だった娘（13 歳）も、やはり海岸近くの実家に遊びに出かけており、3 人とも浚われて溺死している。
　津波の後で、当時の釜石町長が郡役所に提出した報告書「南閉伊郡大海嘯被害の状況」にも「災害前の兆候」としてつぎのような記述がある。
「起災前、一、二回ノ震動アリタリト云ウト雖モ、甚ダ微弱ニシテ、知覚セザルモノ多キニ居レリ」
　事前に 1、2 回、揺れがあったといわれているが、甚だ微弱で、気づかない者も多かったようだ、というのである。
　この記述を裏付けるものといえるが、津波に関する当時の文書や記念碑の

文章を読むと、事前の地震について記述しているものはたいへん少なく、ほとんどが、いきなり津波の記述から入っていろいろと述べ、地震のことについてまったく触れていない文章も少なくない。それだけ、事前の地震が印象のうすいものだったことになる。

「此ノ日ハ恰モ陰暦五月五日ニ当タリ、所謂端午祝ト称シテ、家々応分ノ酒肴餅菓ヲ供エ、然モ同時刻ハ飲食最中ナルモノ多カリシナラン」（釜石町長より郡役所への報告）。

「旧暦の菖蒲の節句に当たればとて、津々浦々は親戚家族打ち集いて祝い興じつつあり」（大船渡市内洞雲寺門前『大海嘯記念碑』）。

こうして、この瞬間にも、大津波が物凄いスピードでこっちに向かっているとも知らぬ仏で、それぞれに節句の宵を楽しんでいた。したがってまったくの不意打ちであった。

この不意打ち津波の元凶こそ、地震の揺れの割には不相応に大きな津波を発生させる、今日で言うところの、学名「津波地震」、俗名「ヌルヌル地震」「ズルズル地震」「スロー地震」「ゆっくり地震」……学者・研究者は、一般の人たちにもわかりやすいようにと、さまざまに名前を付けて呼んでいるが、いわば、不意打ち津波を発生させる専門職のような、たいへん、意地のわるーい地震であった。成因としては、非常にゆっくりした断層運動、海底における地滑りの発生、海底での火山活動など、さまざまに考えられており、研究も進んでいるが、いずれまだはっきりとはしていないという（『新版地学辞典』）。

明治の三陸津波は、そうした「津波地震」による津波の典型例の一つとして、世界の地震学者や津波学者の間に知れわたっており、津波地震の恐怖が論じられる度ごとに、必ずといっていいほど引き合いに出されている。

さらに、この「津波地震」の恐ろしいところは、これほどまでに地震津波の監視システムが進歩発達した今日でも、数ある地震の中から即座にこれを見分けて注意報や警報を発令することが非常に難しく、識者によって、津波予報の問題点だと指摘されていることだ。

例えば、東京大学地震研究所の阿部勝征教授は「津波地震の存在は、津波

予報のうえで大きななきどころ」(前同『巨大地震』)と書いているし、東北大学の首藤伸夫名誉教授も「世界一を誇る予警報も、津波地震に本当に対処できるかとの弱点を抱えている」(『広報ぼうさい』)と語っている。

しかも、私たちにとって憂鬱なのは、この三陸海岸が向かい合っている日本海溝周辺で発生する「津波地震」の比率は、全国平均の約1割に比して、約3割とあるから、まったく油断ができない。したがって、例えどんなに揺れの弱い地震であっても「地震があったら津波の用心、津波が来たら高い所へ」(大船渡市、赤崎公園内の津波記念碑)との教えが、今後とも、津波防災の基礎的な心得としてたいへん重要になる。

そのうえでのことだが、人間の体感でいうと、揺れの強弱もさることながら、いつもより長いと感じる地震、ゆーら、ゆーらと、船にでも乗っているみたいな感じの地震、何となく気味のわるい地震に注意することだ。明治の津波の、事前の地震を記録した宮古測候所の地震計は「約5分間にわたる弱い地震」を記録したとあるが、人間の体感としては、こういう感じだったらしい。

「津波てんでんこ」の真意

誰ひとりとして予想していなかった大津波の不意打ちによって集落は阿鼻叫喚、大混乱に陥ってしまった。だが、そうした混乱のなかでも、人間としての本能がはたらき、親が子を助け、子が親を助けようとする。兄弟・姉妹が助け合おうとする。そのため、結局は共倒れになるケースが非常に多く、これも、死者数を増幅させる結果になった。

共倒れ現象というのは、大なり小なりすべての自然災害につきもので、別に津波に限ったことではないが、一般的にいって津波災害ではその記録が多く、明治三陸大津波の際には目立って共倒れ現象が多かった。

最近、津波防災と関連してよくいわれるようになった「津波てんでんこ」という言葉は、こうした体験を踏まえた明治三陸津波の教訓なのである。要するに、津波の時は、薄情なようだが、親でも子でも兄弟でも、人のことは

かまわずに、てんでんばらばらに、1秒でも早く、速く逃げなさい。これが一人でも多くの命を守り、犠牲者を少なくする方法です、との悲しい教えが「津波てんでんこ」という言葉になった。真意は、自分の命は自分で守れ！　共倒れの悲劇を防げ！　ということであり、津波とは、それほど速いものだとの教えでもある（山下文男「津波てんでんこ」＝東北大学出版会『津波の恐怖』収録）。

　ただ「津波てんでんこ」というこの言葉は「災害弱者」という考え方のない時代のものであり、今日的な津波防災の観点に立つと、「自分の命は自分で守れ！　共倒れを防げ！」だけでは一面的の誹りを免れない。災害弱者の問題をどう解決するかという、これまた深刻な問題が残るからだ。

　1993（平成5）年の北海道南西沖地震津波のときも、奥尻島でのことだが、体の不自由な年寄りだけを残して、自分たちだけで逃げることはできないと、一家が共倒れになった事例があるし、年寄りをリヤカーに乗せ、一人で引いて避難していた娘が、力およばず、ついに津波に追いつかれてしまい、やはり共倒れになったという、ともにたいへん哀しい事例が報告されている。こうした場合に、一体、どうするのか？　勿論のこと「津波てんでんこ」だからといって、見て見ぬふりをするわけには、人間としてできない。

　まず、災害弱者の避難と救助の問題を、個々の家庭や人の問題としてではなく、社会問題としてとらえることである。そして、その家族だけに任せず、普段から自主防災や自治会などで、避難を手助けする方法や手だてを検討したり、役割分担を決めたり、担架やリヤカーなどの避難要具などもぬかりなく用意して訓練も怠りなく、いざという場合に備えておくことである。これは「自分の命は自分で守る」という考え方を基礎とした「自分たちの地域は自分たちで守る」という防災思想の実践にほかならない。

津波体験が仇する場合も

　さて、明治三陸津波で、非常に多数の人命が失われた要因の最後（四つ目）に上げた、当時の住民が津波をあまり恐れず比較的甘く考えていたという問

題は、津波防災の今後のためにも非常に重要な教訓なので、これについても少々、立ち入って述べておきたい。

前に、三陸海岸の住民たちが明治三陸津波の前に体験した、40年前の、安政3（1856）年の津波について触れておいたが、明治の三陸津波で重傷を負った宮城県唐桑村大沢の漁師・伊藤彦三郎は、気仙沼の病院で、新聞記者（『東京日日新聞』佐伯記者）のインタビューに応えて要旨つぎのような話をしている。

40年前のあの津波の頃、自分はまだ17、8歳の若者だった。村の年寄りたちが「塩釜神社」（宮城県塩釜市）の御告げで、津波が来るなどと噂していたが（1854〔安政1〕年の安政東海地震のことか？）自分は血気盛んな年頃だったから、来るなら来てみろ！　と、気にもとめなかった。ところが、なん日か経ったある日、
「地震があって、棚から物が落ち、障子が破れる、屋根は落ちるで、今にもこの世が潰れそうになりました。それで私は直ぐ家を飛び出してふと沖の方を見ました。そうすると波が小山のように高まって静々とこちらの方に寄せて来るのです。これは津波だなと、裸足のまま山の手の方に走りました。潮の勢いは急ではなく、だんだんとこちらに寄せて来、私の家もついに波に没してしまいました。しかし、津波というのは、このように緩慢なものかと、あまり、津波を恐れる心は起こりませんでした」。

しかし、今度の津波（明治三陸津波）は、まったく違っていた。ちょうど、その時は親戚の家の法事に出ていたが「轟々たる音が耳に響くと同時に頭の上から滝のように水がかぶさって来て、たちまち我を失ってしまいました」。自分だけではない。「誰もが万が一にも津波だなどとは考えなかった」。「そもそも、津波とはこういうものだとは思っていなかったのです」。長年、荒海家業で鍛えて来た自分だが、まったくの不覚でした。

つまりは40年前の津波の体験から、津波というのは、緩慢なもので、あまり恐れることもないと思っていた。が、今回の津波（明治）では、いきなり頭から滝のような水をかぶってしまった。そもそも津波とは、こういうものとは思っていなかったので不覚をとった、というのである。

こうした事例があちこちであったのであろう。釜石町から久慈町にかけての岩手県沿岸を取材した記者の一人（『東京日日新聞』石塚記者）は、現地を離れるに当たって、「体験者多く死す」と、つぎのような感想を書き送っている。
「災害地一帯を回って聞くに、今から40年前（1856〔安政3〕年）の津波は波の押し寄せ方が緩やかで、2階にいた者も、水が引くのを待ってゆるゆる降りて無事であった。そのために体験者は、今度の津波でもあまり驚かず、概して油断したがために、助かるべき者も溺死した例が多い。これに反して体験のない人ほど慌てて逃げ出して助かった例がある。津波といってもその時によって大いに緩急に変化があるものらしい」
　安政3（1856）年のこの津波は、八戸沖を波源とする津波の規模〔2〕程度の中規模津波（『理科年表』）で、東大地震研究所の都司嘉宣准教授によると（2006「歴史地震研究会公開講演」）、死んだ人は全部で41人、「これは運の悪い人でちゃんと避難をした人は死んでいない」というから、やはり伊藤彦三郎や石塚記者がいっているように、比較的「緩慢な」津波だったことになる。ところが石塚記者によると、明治の津波では、その体験がかえって仇となり「助かるべき者も溺死した例が多」かったというのである。
　この話でもわかるように、津波には、それぞれ個性があり、その都度、異なった顔と挙動をする災害であって、単純にパターン化することのできない取り分け対応の複雑な災害である。つぎの津波が前に体験した津波と同じだとは限らないし、人から聞いた津波と同じだとも限らない。むしろ、右の話に限らず、違うことのほうが多く、過去の実例でいうと、たいてい意表をつかれている。
　三陸海岸では、今、この30年以内に99％の確率で襲来が予想されている宮城県沖地震と津波に備えているが、これまでの体験を大切にしながらも、それを絶対化せず、いつ、どのような形で津波が襲来しても、慌てずに対処できるよう、こうした歴史的な津波体験にも学びつつ備えたいものである。

失敗した住宅の高所化

　いかにして、津波からわが身と集落を守るか？　明治三陸津波は、当然のことながら、津波が来ても被害を受けない住宅と集落の高所化という問題を提起するものとなった。

　家が海岸近くの低地にあったから、壊滅的な被害になったのであって高台に家を建てれば津波が来ても恐くない……この単純な論理は誰でも知っていた。しかし、これを実行に移すことは、さまざまな問題があって、決して簡単なことではなかった。

　実際問題として、海岸近くに住んでいなければ家業である漁業が成り立たない、生きていけないという実生活上の都合に加えて、先祖代々の屋敷に対する思い入れと執着、さらには、体験上、中小の津波は何十年に1度ぐらいあるにしても、家も人も根こそぎ奪い去って行く今回のようなから大津波は、何百年に1度のことで、昔からのいい伝えによっても、そう度々あることではないとの津波認識が根底にあったからだ。

　確かに、過去の歴史に照らして考えると、それは一面の真実であるが絶対的なものではなく、短い周期で大津波が襲来することも有りうることについて当時の人たちは思い及ばなかった。いや、地域住民だけではない。まだ草創期の地震学だったとはいえ、専門の学者や研究者ですら、後に、今村明恒博士が自ら反省の弁を述べているように、その可能性を指摘せず、住宅の高所化について問題提起しなかった。

　それでも、指導者に先見の明ある人物を得た田老、吉浜、唐丹などの村々では、有力者が土地を提供したり、被災民が喉から手が出るように欲しがった救援金の一部を充てるなどして住宅の集団的な高所移転を試みた。けれども、多くは地域住民の理解が得られず、唐丹村などは一時成功したかにも見えたが、今度は山火事によって折角移転した住宅を焼失し、10余人が死亡するなどの災害もあって、結局は挫折を余儀なくされてしまった。こうして、吉浜村を除いて全体として不成功に終わった。1村、1地域で成し遂げるには、余りにも荷の重い大事業で、集落の大移動を意味する高所移転の機が、歴史

的にまだ熟していなかったといえよう。くちを出せば、金も出さなければならないと考えてのことか、当時の政府や県は、多少の救援金は支給したものの、根本的な復興事業と津波対策について、まったくイニシヤチブを発揮しなかったということもある。こうして三陸海岸の村々の多くは、結果として、津波に無防備な元の低地に、そのまま家々を再興することになってしまった。そして37年後、またまた、根こそぎ持っていかれ、3,000人もの命を奪い去られる惨劇を繰り返すことになる。

海嘯と津波

　現存する明治三陸津波の記念碑はすべて「海嘯記念碑」となっている。当時は、津波のことを海嘯と書き、これを「つなみ」と読ませていたからだ。が、海嘯は元々は漢文の影響による当て字であって、地震学者などから津波と海嘯は違うのだという意見があり、昭和の三陸津波の頃から「海嘯」の文字が消えて、文字通り「津波」と書くようになった。海嘯の文字の起源を質すと、中国の浙江省に河口がラッパ状に開いた銭塘江という河があって流れが杭州湾に注いでいる。この河口では満潮時になると海水がどんどん上がってきて、これが上からの河の流れとぶつかり、満潮がピークに達するまで、水の土堤、つまりは高潮のようになって逆上る形になる。そのとき逆上って行く水の土堤が崩れて笑うような音をたてることから、これを海の水が口をつぼめて笑うという意味での「海嘯」と名付けた。日本でそれを津波の当て字にし始めたのは、そんなに昔のことではなく明治の頃かららしいが、中国では「観潮」といって観光名物になっているくらいだから、人の命を浚って行く津波とは本質的な違いがある。なお松本清張の小説にも「海嘯」（『無宿人別帳』）というのがある。けれども内容は江戸の下町を襲った高潮つなみを扱ったものである。

被災余聞

(『東京日日新聞』『東京朝日新聞』『風俗画報』等による)
〔宮城県〕
志津川町（現南三陸町）　涙を誘う話ばかり……
　瞬間の異変であったため、誰ひとりとしてこれを予知する者がなく、老若男女は漂う屋根の上によじ登って大声で救いを求めるも、たちまち波に足をとられて浮き沈みつしながら悲哀の声を上げる者、乳飲み子が母親もろとも溺死する者、母親を背負って逃げようとし、2人とも溺れ死んだ親子、家が潰されて圧死せる者、その様は千差万別だが、いずれも涙をさそう話ばかりである。

十五浜村（現石巻市）　囚人また義気あり……
　雄勝には集治監（刑務所出張所）があって195人の囚人が、34人の看守の下に収監されていた。宿直の看守が鳴動を聞くと同時に、1人が津波だ！と叫んだと思うと、既に激浪が板塀を押し倒して監房にまで浸入してきたので、囚人たちはみな角格子によじ登って助けを求めた。看守は敷石をもって監房の扉を破り、水の勢いが幾らか緩慢になったところで囚人を全員開放した。しかし、生き残ったのはわずか31人で、3人が災害にまぎれて逃げようとしたが、これは翌日すぐ逮捕された。看守の中にも溺死、行方不明者が8名いる。開放されて逃げる途中、波に浚われて気息奄々としている娘を救助した者等々、人命救助に活躍した者がおり「囚人また義気あり」と称賛されている。

歌津村（現南三陸町）　1週間経っても死体がごろごろ……
　約800人が死亡し、毎日、死体の発掘がつづいている。集落人口の半分が溺死したところもあり、それも3日や5日では到底不可能。被害のなかった隣村から16歳以上、50歳までの大人たちが来て手助けしている（19日）。けれど

も、人手が足りなくて、1週間たってもまだ死体がごろごろしており、ふた目と見られぬ光景である。

大谷村（現本吉町） 通弁を介して聞く老婆の物語り……
　佐藤某という73歳になる老婆は、32歳の娘と10歳の孫を失い悲嘆にくれていた。「奥州言葉に田舎的専門語を加えて話すれば予（記者）は、その何の意味なるかを詳にせず、通弁を介して」その気の毒な物語りを聞いた。老婆は負傷甚だしく、額から頭の中央にかけて皮が剥げていた。
「あの晩は孫を抱いてもう寝床に入っていました。年寄りですから寝つけないで、昔のことなどあれこれと思い出していますと、驚く間もあればこそ、にわかに、障子を蹴破るようにして水が躍りこんできて、私はたちまち飛ばされ、家とともに流されてしまいました。孫が畳と畳の間に挟まりながら、婆さま婆さま、助けて！　と叫んでいるのが闇の中に透けて見えました。手を差し伸べようにも、老いの身のうえ、私も材木が上から被さって潰されそうなので体の自由がききません。可哀相に、ふた言、み言声をかけるのがやっとでした。そのうちガブガブと水を呑んでしまい、気が狂乱して、後はどうなったのか覚えていませんが、気がつくと、柱に取りすがって助けを求めていました。しばらくしてから板を壊したりする音がして、娘婿が私と5人の家族を助けてくれました。後で聞くと、津波が来たとき婿は、すぐ表に飛び出したのだそうです。私は、助け出されてからたくさんの水を吐きました。助かったのは、まったく婿殿のお陰です」。

小泉村（前同） すべてを忘却した少女の哀れ……
一人の少女が倒れた木の下に茫然とただずんでいたので村の名前を聞いたところ、答える気配がないので再度尋ねた。するとようやく頭を上げて「なんちゅうたか忘れゃんした」という。ためしにその名を聞くと、相変わらず「忘れゃんした」と答えるばかりであった。「ああ、なんぞそれ哀れなるや。彼女はこの非常なる出来事のために、すべてを忘却したるか」。

階上村（現南三陸町）　ただ茫然として「たまげる」……

　死体を捜索する人たちは、まず、この辺かと目標をさだめ、5、6寸も積み重なっている茅などを鎌の先でかき除き、さらにその下にある板、柱、畳を除き、それでも見つからぬときは、死体の匂いのする方向を目当てに次へ次へと堀り進むようにして発掘している。発見すると戸板の上に載せ、水際まで運んでから、水をそそぎ、顔を拭くなどして身元を確認しようとするのだが、面相が膨れ上がり、変わっているので、なかなか容易な作業でない。村の老若男女を集めて骨相、服装などから、とにもかくにも判断をくだし、粗末な棺に納めて、また次の発掘にかかるという手順である。300余の死体が、今なお見つかっていないが、折り重なっている破壊家屋の中にあるものと思われている。人々は今その上を踏みつけて歩いているわけで「昔、紅顔の美少年、妙齢の佳人、仁慈の老人、勤勉なる壮丁、今、何くにやある」の感である。他所から来た人たちも、みな茫然として「たまげてしまった」といっている。遭難の翌日には田の中に逆様になって刺さっていた死体もあったと聞く。

宮城県雄勝村（現石巻市）の集治監（刑務所）出張所で、看守、牢を破って囚人たちを解放するの図〔『風俗画報』〕

唐桑村（現気仙沼市）　風呂桶に入ったまま流される……

　19歳になる某女は、ちょうど入浴中に津波が押し寄せて、たちまち風呂桶のまま流されたが、多少、負傷しただけで辛くも一命をとりとめた。しかし、わが家は潰されてしまったので、2歳になる乳飲み子は、きっと死んだものと諦め、翌日、死体を掘り出すために、泣きながら屋根を破り、突きぬけて探したところ、なんと、幸運にもみどり児は生存していたという。

　　昔の津波と今度の津波と……

　気仙沼の病院で、足に包帯をして横になりながら、訥々たる東北弁で語ってくれる、大沢の漁師・伊藤彦三郎という老人の話を聞いた。
「今度の津波のあった15日の夜は、親戚に法事があったので、妻子を残してその家に行き男女7、8人で、仏前に座り法事をしていました。その最中のことでした。入り口の方でなんともいえない大きな力で戸を叩くような大きな音がしました。咄嗟のことに後を振り返ったのですが、私は、ああこれは、予て聞いていた黒船が、復讐のために海岸に来て破裂弾を打ち込んでい

宮城県歌津村（現南三陸町）の某、婚礼時、海嘯に遭うの図〔『風俗画報』〕

るのだと、瞬間的に思いました。笑わないで下さい。そう思ったのは別に私だけではなかったのです。誰も、万が一にも津波だなどとは思わなかったのですから。そもそも、津波とはこういうものだとは思っていなかったのです。

　それもこれも、まったく、一瞬、頭をかすめたということで、轟々たる音が耳に響くと同時に、頭の上から水が滝のようにかぶさってきて、たちまち我を失ってしまいました。一緒に座っていた老友がどうなったのか、仏壇がどうなったのか、私は今でも思い出せません。気がついた時は、全身が真っ暗な水の中で、左の足が材木の間に挟まっていました。

　子どもの頃から潮風のなかで育った私ですから、ちょっとやそっと水の中にいても、さして苦しいとは思いませんが、なにせこの足が木の間に挟まって動きがとれません。やっと足を引き抜いて水面に浮かび上がろうとしたのですが、今度は屋根に頭がつっかえて、まだ自由がききません。それで両手で屋根の茅をかき分けてわずかに身をのりあげ、やっと上に出ることができました。しかし、方角が狂っていてどちらがどっちとも定めかねましたので、やむを得ず屋根の上で座っていました。そのうち、家とともに流されて陸地に10間余りの所まで近づきましたので、このときとばかりに水に入って泳ぎ、陸に辿り着いて命拾いしました。あのとき、私と同じように岸辺近くまで流されてきた人は20人ぐらいいましたが、岸に上がる力がなく、みんな、引き潮とともに、またも沖に流されて行きました。ただ、私の傍に浮かんでいた一人だけは、力をかして救い上げました。50年来、荒海稼業で鍛えた私でさえこの有り様で九死に一生をえたのですから、妻子はもう波に浚われたものと諦めました。とにかく寒いので藁を拾い熱め、海岸にある松の木の下で火を焚いて温まっていました。その火明かりを見て10人ばかりが集まって来ました。火を囲んでお互いの無事を喜び、また不幸を語りあって3時間もたったでしょうか。初めて私は、左の足の出血がひどいのに気づきました。そのうち、救護の人が駆けつけてくれ、担架でこの病院に運ばれました。ところが死んだと諦めていた息子が既にここに来ているではありませんか。このときの私の喜び、胸がいっぱいで何もいうことができません。60近くもの頑固親父なのに女々しくもハラハラと涙が出てどうしようもありま

せんでした。しかし。老妻ともう一人の子どもは死んで帰らぬ人となりました。弟もです。一緒に法事をしていた人たちもみんなが死んでしまいました」。

〔岩手県〕
広田村（現陸前高田市）　地引き網で死体を引く……

　21日、海中の死体を揚げるために地引き網を下ろして引いたが、50人余も一度に入ってきたので、重くて2回に分けて引き揚げたという。

　助けて見ればわが屋の老婆……

　漁師・小田某（別報では「小西幸太郎」）は、6、7里の沖合に漕ぎ出して鮪漁をし、翌日未明に帰港しようと船を走らせていた。ところが途中、海の中から、助けろ！　という声がする。初めは不思議に思ったが、これは人の声に違いないと、その方向に漕いで行ったところ、一人の老婆が戸板の上に座って波の間に間に漂っている。救い上げて見て驚いた。何と、わが家の婆様だったという。

赤崎村（現大船渡市）　上野百合之助と生き残り11人……

海嘯の惨害、家屋を破壊し人畜を流亡するの図〔山本松谷〕

津波の前兆現象を考える

　その昔は、津波を神仏の祟りだと思う人も少なくなかった。地震学者の間ですら、明治三陸津波の頃までは「津波学皆無の時代」といわれ、津波はどうして、なぜ発生するのかが定かでなかった。そこで明治の三陸津波後、当時の文部省、震災予防調査会の嘱託として現地調査に赴いた理科大学地質学生の伊木常誠は、その原因を突き止めるべく、事前の諸現象について、徹底的な聴き取り調査を行い「実況取調報告」に当たって、第1節として海水ノ干退、井水ノ異常、地震、地球磁力ノ変動、其他からなる「前兆」現象を上げて、津波の原因を論じた。以後、地震学者の間では、伊木常誠の方法に倣って、津波の発生やその原因を論じるに当たって「前兆」から本論に入る論者が少なくなく、とくに昭和の三陸津波後に行われた踏査報告などはその傾向が強かった。その影響は住民の間に今でも残っていて、津波の前のあれこれの現象、中でも、伊木常誠が「其他」にあげた珍奇な現象を、そういえば、こういうことがあった、そういえば、ああいうこともあったといって前兆視する。こうして、例えば何々が大漁であったなどということまでが前兆にされてしまい、津波の最も確かな前兆はただひとつ、地震であるということが曖昧にされてしまう。

24日、政府の三崎県治局長の一行が、高波（18ｍ）で被害著しい合足(あったり)を視察した。その際、生き残った者11名が海岸で出迎えたが、みな着るものも食べるものもなく哀れな姿そのものであった。11名の中に組長だという年齢45、6歳で骨格逞しく、朴訥で野人のような風采の上野百合之助なる人物がおり、一行を前にして、津波のときの有り様をつぎのように語った。

「あの晩、ちょうど私は、山腹にある知人の家に出かけて世間話をしていました。その最中でした。大きな雷のような音がしたので、何事だろうと思い、すぐ表に出ました。すると山のような怒濤が吼え狂う獅子のように里を暴れまわり、既に一面が大海原になっていました。驚いて山に駆け上がりましたが、途中まで来てから、それにしてもわが家はどうなったのだろうと振り返りました。しかし、里はことごとく水に没して、もう家の影さえありません。これでは、家族も里の人たちも、みんな奈落の底に葬られてしまったのであろう、それなのに自分一人生き残ってもどうにもなるまい。いっそのこと自分も……と思いましたが、あるいは天運で助かっている者がいるかも知れない。生きて甲斐なく、死んでも甲斐なき命ならば、今しばらくはながらえて里の人々の様子をたずねよう。それからでも遅くない。そうこう考えているうちに、誰かが助けを求めているような声がしましたので、胸騒ぎしながら、おーいと、これに応じました。そうしますと、人が山を登って来ま

岩手県広田村（現陸前高田市）で死体を地引網で引き揚げるの図〔『風俗画報』〕

した。それは○○の○○で、全身に水をかぶって寒い寒いと震えていました。幸いにも私は着物を重ね着していましたので、その1枚を脱いで掛けてやり、また急いで枯れ木の枝を集めて火をつけました。折しも風が吹いてきて柴はパチパチと燃え上がり、これまで真っ暗で分からなかった2人の顔を照らしだしました。ともに青ざめて生きた人間らしい顔色をしていませんでした。そのうち、またもや助けを求める声がしたので、声のする方に行ってようやく一人を見つけました。ところが、よく見ると、その顔は思いがけなくも私の弟で、頭に傷を負い、顔は血だらけになっていました。

　長くて恐ろしい一夜が明けました。早朝、集まって来たのは10人ばかりでした。その中には4歳の幼児と15歳の少年もいました。幼児の家は15人家族でしたが、みんな死んでしまい、この子ひとりだけが助かったのです。少年のほうは波で打ち揚げられ、藪の中に埋まっていたのを助け出されのでした。私の長男は段蔵といって24歳でしたが、材木で頭を砕かれ、右の耳から脳みそが出てついに死んでしまいました。こうして10余人が辛うじて命拾いしましたが、炊くべき米もなければ鍋釜もなく、もうみんな飢え死にするよりほかにないと観念し、悲嘆にくれていました。そのとき駆けつけて下さったのが、今、御一行のなかにおられる、そら、そちらの盛町の巡査様でした。盛からここまでは鹿でも容易には越せない峠を越えて数十里（奥州里程）を歩かなければなりません。それなのに、昨日という今日、巡査様の顔を見るとは予想外のことでした。それがいち早く駆けつけて来られ、しかも、こう申されました。『こら、みんな気を落とすでないぞ。米がないなら隣の長崎〔同赤崎村〕から運ばせよう。けっしてお前たちを餓死させないから心配するな。それより、早く、死体を捜索しろ』と。そのときの私たちの嬉しさ、まるで地獄で仏に会ったような気持ちで、10余の者はわっとばかりに地べたに泣き伏してしまいました。それから気を取り直して死体を探したり流材を拾い集めたりしています」。

（注＝これを語った人と思われる上野由利之助翁は、その後、地域の中心的な働き手として家と集落の再興を果たしたが、不幸不運にも、後、昭和8年の津波の際には自らも溺死し、82歳で苦難の生涯を閉じている）。

綾里村(りょうり)（現大船渡市）

　村長一人を除いて助役、収入役より小使に至るまで役場吏員もことごとく死亡し、1週間まえに赴任したばかりの巡査も妻子ともども溺死した。港の医師・木下良斉は、当夜のことをつぎのように語った。

　木下良斉（医師）の遭難実話……

「津波だ！　という声を聞いたと思うと席を立つ暇もなく、もう水が家の中に充満していました。目を閉じ、口を塞ぐ間もなく、体は家とともに山のほうに押し込められてしまいました。2、3分した頃、体が3回ぐらい転倒したように覚えています。後で考えると、あれは波の引き際で、家もあのとき壊されたのだと思います。自分が生きているのか死んでいるのか、私とともに数分まえまで団欒していた妻子がどうなったのかも頭に浮かびません。やっと気付いて頭を上げて見ると、辺りは真っ暗でした。手を出して辺りを探ると材木と死体があって、私の体の半分は泥の中でした。物音がさっぱりしないので、耳に指を入れてみると泥土が詰まっているのです。それで耳をほじって泥を掻き出したところ、方々で泣き叫びながら助けを求める声がして、はじめて自分が生きているのだと気づきました。そのうち、無数のかがり火が山に見えるようになり、叫喚の声が聞こえてきます。だが私は、とても他を顧みる余裕がなく、山に這い上がりました。朝になって見ると妻子も家も、ともに影も形もありませんでした」。

　なお、同人の家族で残ったのは東京にいる長男だけとなった。

越喜来村(おきらい)（前同）　南部屋と21万円入りの金庫……

　崎浜に南部屋という総資産50万と云われる財産家がある。先年、火事があって焼失した豪邸を新築し、完成したばかりだったが、津波で、家屋も倉庫も悉く流失した。倉庫には、古金銀が21万円入った金庫や、紙幣が10万円入った桐箱その他、高価な金品が収納されていた。津波の翌日、主人は早速、縄張りをして地域の人たちを集め、古金銀の散乱したものなどを捜索させた。小

判などがつぎつぎに見つかったが21万円入りの金庫は未だに見つからず、主人は50円の賞金をかけて探させている。別報によると同家の資産は100万円を超え、7棟の土蔵があったこと、流された金庫は50人持ち、30人持ちのもので、同家の家族も、この津波で溺死したことなどが記されている。

吉浜村（前同）　激浪百尺、巨木も半ばから折れて……

　ここでは激浪100尺以上のところがある。巨木が半ばから折れているなど、その激しさを物語っている。潮流の氾濫した跡は木の枝に藻屑が引っ掛かっていることなどで判別できる。海岸は3、4丈の高さにもかかわらず、両岸の入り口から家屋のある所まで波が浸入して次第に高い所に達した。その勢いは、あたかも斜めにした戸板を逆上した激浪のように、100尺以上、105、60尺にも達している。

唐丹村（現釜石市）　医師・鈴木琢治の救援活動……

　鈴木琢治（後の柴琢治）という医師の家が病院にあてられ、全村の負傷者を治療している。24日現在、収容されている患者は70余人。頭部に傷を負った人を治療中であったが、包帯を取った所を見ると、拇指大の穴が左の額に斜めに開いており、石炭酸を注入するとゴボゴボと音がしていた。しかも、こうした穴が頭に4カ所もあるという。一人の婦人患者は、波に打ち砕かれて左足を失っていた。気丈な人だったようで、当夜は気の張りのためもあって苦痛を感じることはなかったらしいが、翌朝、とある家に辿りついたとき、折れた骨が2、3寸もあらわに出ているの気付き、ここで応急手当てを施したが、出血多量で、ついに2日後に亡くなったと聞く。

　院主の鈴木氏が語るところによると、当夜は、津波だ！　の叫び声を聞くとともに門を出ると、もう阿鼻叫喚の巷と化していた。闇夜のことであるから施す術もなく、まず藁小屋に火をつけて遭難中の人たちの目標とし、自分は家に帰って、近隣の災害を受けなかった人たちを促して、女たちには急いで飯を炊かせ、男たちには松明を持たせて海岸に駆けつけさせた。あっちの藪、こっちの溝から老若男女が泥にまみれ、泣きながら集まって来たが、み

んな血だらけで誰が誰であるかも見分けがつかない。取り敢えず手当てをして軽傷者には薬を与え、重症者は背負って自宅に運んで来た。小白浜はどうかと行って見ると、一夜にして滅びてその跡をとどめていない。600人余のところだが、わずかに100人程度が残っているのみ。それらを手当てしているうちにもう夜は明けていたという。

木の股に挟まって命拾いの幼児……

菊地という小学校教員の5歳になる幼児は、一緒にいた父母は溺死したが、この子だけは奇跡的に助かった。波の激突で、体が隣家の庭先にある木の所まで運ばれ、そのまま木の股に挟まっていて引き波にも浚われなかった。翌朝、人がそれを見つけて、すぐ助け下ろしたという。

妻の哀れを歌に託して……

「岩の上にのぼりて見れば小白浜／山川ばかりがそのままにして」、唐丹村の収入役某は、まだ吐血しているため声高く話すことはできないが、右のような歌を示し、その妻の哀れな死について語った。
「あの晩私は、もう床に入って熟睡していました。津波だ！　と揺り起こされたので驚いて目をあけると枕元に妻がおり、早く早くと促しているのです。それ、一大事と飛び起きたのですが、この時早く、かの時遅しで、もう波が前後から渦巻きのように襲いかかって私は木材に胸部を打たれ、吐血して気が狂ったようになっていました。ややあって自分を取り戻したときには、妻とともに波の上を漂っていました。私は、痛みが激しくて、ともすれば沈みそうになるのです。何か、縋るものがないかと辺りを見ると3尺ばかりの木片が流れて来ました。妻とともにこれに取り付きましたが、何ぶんにも、木が小さくて2人で縋っていることは出来ません。それで私は妻に向かって『もう私は助かったところで、この痛手では長く生きてはいられまい。お前は、これに縋って助かってくれ』といいました。ところが妻は頭を左右に振って、あたしが傷を負っているならともかく、痛手を負っている貴方こそこれに縋って下さい。あたしは、その端に手さえかけていれば大丈夫です。

貴方を失ってあたしだけが生きている気持ちはありません。生きるも死ぬもろともに、といって動く気配もありません。それで私は、体を木の上に横たえて一息入れ、妻のほうは浮き木の端をつかみながら、なお私の傍を離れないでいました。恨めしくもその時、第2の大波が襲って来たのです。そして妻は力つきて哀れにも沈んでしまい、どこかへ押し流されて行きました。私のほうは、お陰で退き潮とともに岬に打ち上げられてこうして助かりました。浮世にただ一人残された私の身の傷は治るにしても、失った家はまた建つにしても、逝った妻はもう幾ら待っても帰って来ません」「あさましや昨日にかわる今日の身の／夢の浮世と今ぞ知りぬる」「我ゆえにとにもかくにもなる身おば／水に溺れていもははてにけり」。

釜石町（現釜石市）

　海抜1.5mの低地に密集する町並みを、7.5mの津波によって一挙に浚われ、全町1,105戸の中、837戸が流失全半壊し、6,986人中、3,765人が溺死した釜石町には哀話や奇談も数多い。なかでも話題なのが小軽米家の惨劇と石応寺の門前に集められた溺死体の酸鼻である。

小軽米家の惨劇……

　県会議員の小軽米汪氏宅は1昨年、新築したばかりの町第1の豪邸で、当夜、警察署長の山口警部や町長の服部氏を招き、警察署の移転問題について相談の後、節句の祝いの宴会に入って一献かたむけていた。その最中、沖のほうで雷でも鳴ったかのような大きな音がしたかと思うと、叫び声がするなど町中が騒然としだした。服部町長は、これは火事でも起きたのかと、背後の高台に上がって火元を確かめるべく、真先に表に飛び出した。そのため、服部町長は幸いにも難を逃れたが、山口署長は、急いで家の前に出るや、いきなり激浪に薙ぎ倒されて重傷を負ってしまった。小軽米氏やその家族は逃げ出す間もなく全滅し、いずれも無惨の死をとげた。津波の3日後、小軽米夫人のイツ子さん（40歳）の亡骸が発見された。親戚の子どもを抱いたままだったが、首に角材の先が四寸余りもめり込んで、目を背けたくな

るような姿だったという。小軽米氏の方は、半月ほどしてから遺体が揚がった。日にちがたっていたこともあって見る影もなく、はじめは誰の亡骸かもわからなかったが、左手に付けていた指輪で小軽米さんとわかった。古老の話によると、40年まえの安政年間の津波のとき、小軽米氏宅は流失せずに無事だった。そのため今回も大丈夫だろうと、5、60人の男女が逃げて来て、いずれも不帰の人となってしまった（19日）。

　フランス人神父の遭難……
　盛岡市四谷にある教会のフランス人の神父リスパール氏は、2人の伝道師を伴って三陸沿岸の町村を巡回中だったが、不運にも釜石で遭難し、不帰の人となった。この日、大槌から釜石に入ったリスパール神父は、仲町の加藤旅館に投宿、訪れた釜石の信者たちと歓談中であった。突然、津波だ！という声がしたので、みんな裸足で飛び出したが、リスパール神父だけは玄関の所で靴を履こうとしたらしくて2間ほど遅れてしまった。そのため、2人の伝道師と信者たちは、辛うじて山に逃げ、九死に一生を得たが、気づいたときには、リスパール神父の姿はどこにもなかったという。

　累々たる溺死体の石応寺前……
　石応寺は北方の小高い場所にあるため津波の難を免れたので、発見した死体は悉くこの寺の門前に運搬され、伏死累々としている。いずれも、水膨れがして色が変わり、肉が裂けて皮膚は爛れ、あるいは腕の折れたるあり、あるいは骨の挫けたるあり、あるいは首のない小児の遺骸ありで、一つとして創痍を負わざるはなく‥‥等々、見るからに毛髪堅く立ちて、思わず念仏を唱えたり。
　寺の前にある田んぼに打ち揚げられていた船を取り除くと、数十の遺体が折り重なって見つかった。中でも、逆さまに腰までが泥に埋まり、両足だけが突き立っているのや、泥が目や耳や口、鼻など、至る所に入り込んでいる死体など、余りの酷さに、誰もが息を呑む凄まじい情景である。
「同寺の門前には、此処彼処より集め来る死骸を並べて遺族に引き取るよう

に勧めているが、18日に夫婦とおぼしき翁媼来たり。それが陳べ置きたる若き婦人の側に寄りて『おっ、おまえは此処に居たのか』と死体を抱き起こし、経帷子の代わりにとて白木綿を着せつつ、泣きながら、生きている人にでもものいうが如く、これを持って行けよ、この帯をしめて行けよなどと語りては、時々その名を呼び、念仏を唱えけるが、語々切々、心情より出でざるはなく、他の遺族の人々もわが身につまされて貰い泣きをなしいたり」。

タンスの側で寝ていた少女……

生存者の話は一つとして悲惨でないものはないが、19日、10歳の少女が救い出された。この少女は、当夜、タンスの側で寝ていたところを津波に襲われた。一家は流亡破滅したが、少女だけは、幸いにも高地に漂着していた屋材とタンスの間のわずかな隙間にあって助け出され、3日、4日の絶食にも関わらず奇跡的に一命をとりとめた。

一夜違いで遭難した伊勢丸……

300トンもある田中製鉄所の伊勢丸は、当日、銑鉄を積んで、これから錨を揚げて出港しようとしていた。しかし、霧のため、まだ釜石湾を離れかねずにいたところで津波に遇い、山麓近くまで押し上げられて船体を破壊された。ために船長以下哀れにも惨死をとげ、14歳になる炊事夫だけが、辛うじて命脈を保っている。

大槌町（現同）

当日は町出身の軍人9名が無事、凱旋したので、祝賀会を催し、全町の有志が朝からの雨も厭わず、子女を伴って会場の安渡に集まり、一同、大いに興に入っていた。午後8時10分、第4発目の花火を打ち上げ終わった頃、百雷が一時に落ちてきたような轟音がして大地に震動を感じたと思うと、すぐ2度目の轟音があって、もしやと思う間もなく、浜辺に集まっていた人々の叫びとともに山のような津波が襲いかかって来た。まったく、瞬時のうちに数丈の狂乱怒濤によって祝賀会場は一蹴され、惨憺たる状態になってしま

岩手県釜石町（現市）、石応寺門前に集められた身元不明の溺死体

った。

山田町（現同）　多い全滅家族……
　山田のうち被害甚だしい川向は惨話も多い。関源達という医者は家族13人が流亡で無事は自分のみ。工藤源貞は家族9人が全滅。鈴木善之助は5人が死んで当人だけが助かり、また田村平五郎は一族15人のうち養子の茂八を除いて他は滅亡。太田五郎右衛門も、一家16人のうち生き残ったのは2人だけという。

乳首をあてたままの母子の死体……
　貫藤マンという女性は、愛児に乳首を含ませていたところを津波に襲われ惨死したが、小児の口に乳首をあてたままの姿で死体が発見されたという。哀れというほかない。

重茂村（現宮古市）　船幽霊と4人の漁師……

岩手県大槌町にて凱旋軍人歓迎会を開催中、海嘯の害を被るの図〔『風俗画報』〕

　荒巻の漁師4人は、三里半の沖合で鮪漁中の8時頃、陸のほうに轟音を聞き、ついで潮流の異変に気づいたが、船に異常はなく幸い災厄を免れた。
　彼らの語るところによると、同日は、船出の際に天候が何となく不穏であり「こんなときは船幽霊が出るかも知れない。もし幽霊が出ても、みんな口を慎んで応じてはならぬぞ」と語り合っていた。鮪もかなりの漁だったが、陸地の方で怪音がすると間もなく、船は3段の波をあびたので、一応、異常はなかったけれども、夜明け方、陸地に向けて船を漕ぎだした。ところが近づくにつれて「おーい、おーい」と、人の声がしてきた。けれども、「そーら、これこそが船幽霊だぞ！　」と、みんな黙って、誰も答えなかった。一方、同村の助役・山崎松次郎氏は、海上を漂っているうちにこの船を見て、声を限りと救いを求めたが、漁師たちは、例の船幽霊だと思っているから、さっぱり応じてくれない。そこで「おーい、俺は助役の山崎だぞ！　」と叫んだので、漁師たちも、はじめて気づいて船を漕ぎ寄せ、同氏を救助したという。漁師たちは、もし船幽霊などのいい伝えがなかったら、もっと多くの人たちを助けられたろうにと、すまなそうに語っている。

鍬ケ崎町（現宮古市）　小学校での幻灯会の最中に……

　当日は菖蒲の節句のことでもあり、小学校で幻灯会を催していた。その最中に外で大きな叫び声が起こった。これはただ事ではないと、騒ぐ生徒たちを制しながら、急ぎ山に向かって駆け出したときは、波がもう民家に激突して荒れ狂っていたという。

田老村（現宮古市）　全村、空漠たる荒野と化して……

　「記者（『東京日日新聞』石塚記者）は昨 21 日、宮古に着いたが、人々の噂を聞くに、田老村の実況を視察すること緊急に必要であることを知り、今朝、小さな船に便乗して海路、田老村に着いた。
　15 日は午後 3 時頃からにわか雨が降り、7 時半頃、1、2 度地震があった。いずれも強い揺れではなかったが、普通の地震に比べると震動している時間を長く感じたという。ところが 8 時 12 分と覚しき頃に至り、東北の方向で、あたかも大砲でも発するような音が前後 3 回つづき、人々は、これを怪しみかつ恐れて、みな戸外に出て佇んだ。その瞬間、万雷が一時に墜落するかのような凄まじい音とともに、15 丈余の狂瀾が天をも捲き込む勢いで襲来した。激浪は岩頭にあった老木、巨木を薙ぎ倒したうえ 300 の民家と数十の土蔵、数百の納屋を席捲し去って、これを西の方の絶壁に押し寄せ、ついで海上に掠め去り、以後、翌朝まで 5 回の余波があったと聞く。
　これまで、釜石以北の被害地を巡視してきたが、田老村の惨状を見るに及んで、激浪の凄まじさも惨状も、この地が最も甚だしきことを知った。低地の家はいうまでもなく、高い所に建つ家ものの見事に破砕されている。のみならず断崖の大小の樹木なども悉く枝を折られ、皮を剥がされており、田老の全村、今やまったくの空漠たる荒野と化している。
　本日までの調査によれば、全村、無数の建物は影だに止めず、1600 余の住民は生きながらにして地獄に落とされ、生存者はわずかに 183 人に過ぎない。しかもうち、60 人は、漁業のため沖合に出ていて難を免れし者、2、30 人は牛馬をひくため山上にあった者である。村長は死亡、2 人の駐在巡

査も、それぞれ家族とともに流亡。津波の襲来前に「臘月の如き光」が海面を照らし、同時に数丈の波が押し寄せて全村が洗い流されるが如くに流失した。その波の激しさは譬えようもなかった、と。

　漁師、帰港して津波を知る……
　田老村の漁師たち60人は、津波の当日、15隻の小舟で東北の方向、2里ばかりの沖合で鮪漁をしていた。波は穏やかで潮の流れに別に異常はなかった。が、突如、北の方から砲声のような大きな音が聞こえ、岸のほうでは汽車の走るような怪音がしたので異変を感じ、帰港しようと港を目指して漕ぎだした。途中、2、3の大波に遇い、辛うじて港の入り口まで来たが、全村、真っ暗で一つも灯火も見えない。そればかりか、木材などが大量に流されて来る。波浪も激しく、仕方なく湾口で一夜を過ごした。夜が明けてから、はじめて陸地の荒涼たる様を目撃して、大津波であったことを知り、仰天したという。

普代村（現同）　土の上に頭だけを出した乳児……
　太田名部では41戸のうち、1戸を半壊したのみで、他はことごとく流亡、実に218人が溺死して命拾いしたのはわずかに11人だけであった。津波の翌朝、村人たちが死体を探していると、5丈余りの木の上で子どもが泣いているのを発見し、救い出した。また、津波後3日目に、生後3、4カ月の乳児が、わずかに土の上に頭を出しているのを発見され、助け出された。まだ体温があったのでいろいろと介抱したところ、漸く息をふき返した。

野田村（現同）　宮本村長家の哀話……
　村長の宮本武慈氏（岩本か？）の遭難話も悲惨である。当夜、同氏は、津波だ！との叫び声を聞くと同時に、家族を促し、2人の小児を抱えて戸外に出るなり激浪に足をとられた。海上に漂い、浮き沈みするうちに、ついに愛児を奪われ、自身も数カ所に傷を負ってしまった。しかし、2度目の波で押し上げられたので、岸に取り付き助かった。妻女のほうは、初めの波を免れて高地に駆け上がって

いたが、後に残した少女が心配で、安否を確かめようと、わが家に戻る途中で、2度目の波に浚われ、ついには帰らぬ人となった。だが、母が命を投げ打っても助け出そうとしたその少女の方は、幸いにも難を免れて、高地に避難していたという。

久慈町（現久慈市）　土蔵に立てこもって全滅……

　海産物問屋・兼田イワさんの一家は、津波の声を聞くや、土蔵なら安心だろうと、家内17、8人が土蔵に立てこもった。しかし、土蔵が潰れて全員が惨死、かえって外に逃げ出した後見人のほうが助かった。同じ海産物問屋の松前岩蔵氏方でも土蔵に入って、これまた全員死亡したと聞く。

　　負うた子は死し、わが身も……

　潰れて横たわった家の隙間から30歳ぐらいの女のうめき声が漏れてきたので探したところ、子ども一人を背負い、手にはまた別の一人を抱いているのが見つかった。背中の幼児は既に死んでおり、抱いているほうはまだ息をしているので、すぐ助け出したが、母は安心しての気のゆるみか、間もなく落命した。

　　北九戸郡長浅沼六郎氏談……

　この辺の耕地面積はごくわずかなもので、住民は農業3、漁業7の割合で仕事をしており、ほとんどが海産物に依存して生活している。それが、今回の津波で多くの人命が奪われたほか、家屋建物は流失または破壊され、そのうえ生活のかかっている漁船、漁具、塩釜までも失った。漁村は壊滅したようなものだ。船舶、家屋の破片は算を乱して岸頭に打ち上げられているし、死体はその下にあるか、あるいは海上を漂っているものと見られる。今日までの死体を見ると全身みな打ち傷だらけで、負傷の後、死亡したものと見られる。両手を材木に折られた者、頭脳の潰裂した者、双方の足を切断された者等々、あまりにも悲惨で、ふた目と見られないものばかりである。

第2章　昭和三陸大津波

厳寒・暁の狂瀾怒濤

　昭和8（1933）年3月3日の朝、氷点下4度から10度という厳寒の暁に襲って来たこの地震津波は、午前2時31分39秒から初期微動継続32秒、主要動継続3分41秒、最大振幅は40mm（盛岡測候所）という、日本海溝周辺で起こったM＝8.1の正断層型巨大地震によるものであった。時刻的にも、さらには農山漁村の疲弊と貧困、15年戦争の開始という社会背景の上でも、最悪のタイミングで、歴史の偶然だが、37年前の明治の大津波は5月5日の端午（菖蒲）の節句、今度の津波は、新暦ながら3月3日の桃の節句ということから、当時の人たちは「節句の厄日」ともいった。

　つぎに、この昭和三陸津波の「津波襲来時刻」「波高」「家屋と人命被害」の各一覧表を示す。

悲惨、全滅の田老村（現宮古市）〔『岩手県昭和震災誌』〕

48

表3でわかるように、津波は地震後22分から50分前後で沿岸に到達し、波の高さは、資料4-2のように綾里湾奥・白浜での28.7 m（29.1 mの調査も）をはじめ、各地で10 mを超える大津波を記録。3000人余が死亡・行

表3　昭和8年三陸津波の岩手県津波襲来時刻（岩手県昭和震災誌による）

町村名	地区名＝津波襲来時刻　（地震後の経過時間）		
気仙町　〔現陸前高田市〕	長部＝3時00分(23分)		
米崎村　〔現陸前高田市〕	脇ノ沢＝2時50分(13 ?)		
小友村　〔現陸前高田市〕	三日市＝3時18分(41)	唯出＝3時12分(35)	
広田村　〔現陸前高田市〕	泊＝3時12分(35)	根崎＝3時04分(37)	六ケ浦＝3時15分(38)
末崎村　〔現大船渡市〕	泊里＝3時12分(35)	細浦＝3時17分(40)	
大船渡　〔現大船渡市〕	下船渡＝3時22分(45)	茶屋前＝3時27分(51)	
赤崎村　〔現大船渡市〕	蛸ノ浦＝3時23分(46)	宿＝3時28分(51)	
綾里村　〔現大船渡市〕	港＝3時07分(30)	白浜＝3時00分(23)	
越喜来村〔現大船渡市〕	崎浜＝3時28分(51)	浦浜＝3時12分(35)	
吉浜村　〔現大船渡市〕	本郷＝3時17分(40)		
唐丹村　〔現釜石市〕	大石＝3時07分(25)	小白浜＝3時10分(27)	本郷＝3時08分(22)
釜石町　〔現釜石市〕	白浜＝3時10分(25)	釜石＝3時10分(27)	
鵜住居村〔現釜石市〕	両石＝3時10分(22)	片岸＝3時10分(25)	
大槌町　〔現同〕	大槌＝3時10分(24)	吉里吉里＝3時10分(22)	
船越村　〔山田町〕	田ノ浜＝3時13分(43)	大浦＝3時18分(48)	
折笠村　〔山田町〕	折笠＝3時40分(1時間10)		
山田町　〔山田町〕	山田＝3時34分(1時間04)		
大沢村　〔山田町〕	大沢＝3時32分(1時間02)		
重茂村　〔現宮古市〕	姉吉＝2時55分(25)	里＝2時55分(25)	
磯鶏村　〔現宮古市〕	白浜＝3時14分(39)	磯鶏＝3時12分(39)	
宮古町　〔現宮古市〕	鍬ケ崎＝3時12分(39)	藤原＝3時12分(39)	
田老村　〔現宮古市〕	乙部＝3時00分(30)	田老＝3時00分(30)	
小本村　〔現岩泉町〕	茂師＝3時02分(30)、＝3時02分(30)		
田野畑村〔現同〕	島ノ越＝3時10分(30)	平井賀＝3時10分(30)	羅賀＝3時10分(30)
譜代村　〔現同〕	太田部＝2時58分(29)	譜代＝2時58分(29)	堀内＝2時58分(29)
野田村　〔現同〕	野田＝2時59分(30)		
宇部村　〔現久慈市〕	久喜＝3時00分(29)	小袖＝3時00分(29)	
長内村　〔現久慈市〕	二子＝3時00分(29)		
久慈町　〔現久慈市〕	湊＝3時01分(30)		
侍浜村　〔現久慈市〕	牛島＝3時01分(30)		
中野村　〔現洋野町〕	小子内＝3時02分(31)		
種市村　〔現洋野町〕	八木＝3時02分(31)		

注＝襲来時刻と地震からの経過時間の合わないものが目立つ。すべて、当時の現地取材によるものであり、取材先の、発震時刻の記憶の不確かさや、当時の民間における時計の精度の問題なども、考慮すべきてあろう。が、綾里湾白浜(23分)と、隣接する港(30分)との違いの7分、大船渡湾内での襲来時刻など、著者の取材によるものとも一致しており、全体として、それほど大きな違いはないように思う。ただ、広田湾の湾奥に当たる米崎村脇ノ沢の、地震からの時間13分は、湾口に当たる広田村の海岸と比較して明らかに早すぎる。あるいは誤記誤植かも知れない。いずれにしても、地震後、20分から30分前後、遅い地域でも50分前後で津波が到達したと見るべきであろう。

方不明になったほか、漁船などの生業手段もことごとく奪われるなど、沿岸町村にとって再び壊滅的な打撃となった。

　明治の大津波からわずか37年。田老、唐丹、綾里などは、やっと明治の津波前の人口を回復したばかりであった。40年足らずの間に2度も流されては建て、建ててはまたも流される歴史の繰り返しで「三陸海岸は悲劇的津波海岸」ともいわれるようになった。

生かされた体験と教訓

　まず、昭和三陸津波の駆け上がり高、即ち波高を検討すると、表4-1,2で見るように、最高は明治の津波のときの38.2 m（綾里村白浜）に対して、昭和の津波は28.7 m（同）であるから、かなり下回っているが、それでも、明治の津波を100としてほぼ75の割合となっている。個々の被災地について見ると、例えば、田老村（田老）では、明治の津波が14.6 mだったのに対して昭和の津波は10.1 m、重茂村（姉吉）では明治の18.9 mに対して昭和が12.4 m、釜石（釜石）では7.9 mに対して5.4 m、唐丹村（本郷）では14.0 mに対して6.0 mと、その差はまちまちだが、全体として見ると、やはりほぼ同様の差があったといえる。

　つぎに、先の表2と、表5-1,2に示した、明治と昭和の被災戸数（浸水を除く）を対比すると、明治の約8000戸に対して、昭和の津波は約6000戸であるから、これも同様、100対75で、明治と昭和の二つの三陸津波の波高の違いを、そのまま反映した数値といえる。前に紹介した『理科年表』でのランク付けで（p.13-14）も、昭和三陸津波の規模は、明治の津波の規模〔4〕より、一つ下の〔3〕になっている。

　それにしても、明治の津波を100として75というのであるから、昭和の三陸津波も、明治の津波ほどではなかったが、かなりの大津波であったことがわかる。ちなみに、その後の津波で、この〔3〕のランクとされているのは、1944（昭和19）年の昭和東南海地震津波、1946（昭和21）年の昭

表4-1　昭和三陸津波の波高（宮城県）

村名	（現行政区）					
鮎川村	〔現石巻市〕	鮎川＝2.4m				
大原村	〔現石巻市〕	谷川＝4.8	鮫浦＝4.8	小淵＝2.4	大谷川＝5.2	小網倉＝3.0
十五浜村	〔現石巻市〕	雄勝＝4.5	荒＝10.0	船越4.5	船渡＝3.9	名振＝4.2
		浪板＝1.5				
十三浜村	〔現石巻市〕	相川＝4.8	小指＝4.8	大指＝4.8	月浜＝2.1	
		大室＝3.0	小室＝3.0	小泊＝4.5	立神＝2.4	
		小室＝4.7	小泊＝6.2	立神＝4.7	白浜＝2.7	白浜＝2.1
女川村	〔現女川町〕	女川浜＝2.4	御前浜＝2.4	石浜＝2.4	尾浦＝2.7	野野浜＝2.4
志津川村	〔現南三陸町〕	志津川＝1.7	清水＝3.6	細浦＝3.6		
戸倉村	〔現南三陸町〕	波伝谷＝2.4	藤浜＝2.4	寺浜＝2.4	長清水＝2.4	
		折立＝1.2	水戸部＝0.3	瀧浜＝2.4		
歌津村	〔現南三陸町〕	港＝4.3	田ノ浦＝5.4	石浜＝7.6	名足＝4.6	
		中山＝6.1	馬場＝6.7	伊里前＝4.6		
御嶽村	〔現本吉町〕	大沢＝3.0				
小泉村	〔現本吉町〕	二十一浜＝3.7	蔵内7.5			
大谷村	〔現本吉町〕	大谷＝3.0				
松岩村	〔現気仙沼市〕	記載なし				
階上村	〔現気仙沼市〕	杉ノ下＝2.7	波路上＝2.8			
大島村	〔現気仙沼市〕	記載なし				
鹿折村	〔現気仙沼市〕	記載なし				
唐桑村	〔現気仙沼市〕	只越＝7.0	石浜＝5.6	小鯖＝3.3	宿＝2.4	
		鮪立＝3.3	舞根＝3.0	大沢＝3.5		

（宇佐美龍夫『日本被害地震総覧』、山口弥一郎『津波と村』などによる）

和南海地震津波、1993（平成5）年の北海道南西沖地震津波の三つだけである。

　ところで死者数のほうはどうか？

　もし津波の高さや被災家屋数と同じように、100対75の割合と見て換算すると、明治の津波の死者は2万2000人であるから、その75で1万6500人になる。しかし、実際には死者約3000人で、明治の津波を100として13.6、つまりは、その約7分の1に止まる「不幸中の幸い」となった。個々の町村について検討すると、無論この比率に少なからぬ凸凹がある。例えば田老村は、明治の津波での死者数は1867人、昭和の津波の死者数は『岩手県昭和震災誌』によると972人で、その約半数、重茂村では、明治の764人に対して昭和の174人で、その約4分の1強、釜石市では、明治の3765人に対して昭和の38人と、その約100分の1に止まっている。また、唐丹村は、明治の1684人に対して昭和の359人とその約5分の1弱、綾

第2章 昭和三陸大津波

表4-2 昭和三陸津波の波高(岩手県および青森県)

村町名	(現在の自治体)	地点＝波高				
気仙村	〔現陸前高田市〕	長部＝3.2m				
高田町	〔現陸前高田市〕	高田＝3.0				
米崎村	〔現陸前高田市〕	記載ナシ				
広田村	〔現陸前高田市〕	六ケ浦＝3.5	泊＝4.5	根崎集＝11.2		
小友村	〔現陸前高田市〕	3日市＝1.0	両替＝3.0	唯出＝3.4		
末崎村	〔現大船渡市〕	碁石＝3.5	泊里＝5.7	門ノ浜＝6.5	細浦＝3.1	舟河原＝3.9
大船渡村	〔現大船渡市〕	下船渡平＝5.5	永沢＝3.1	茶屋前＝1.8		
赤崎村	〔現大船渡市〕	宿＝1.8	生形2.8	永浜＝3.1	蛸ノ浦＝4.3	長崎＝4.3
		合足＝7.4				
綾里村	〔現大船渡市〕	小石浜＝3.8	砂子浜＝2.3	白浜＝28.7(別に29.1)		
		港＝4.5	石浜＝9.0	田浜＝7.7		
越喜来村	〔現大船渡市〕	甫嶺＝4.2	泊＝4.0	浦浜＝3.2	崎浜＝7.8	
吉浜村	〔現大船渡市〕	根白＝16.1	本郷＝9.0			
唐丹村	〔現釜石市〕	大石＝3.0	荒川＝7.8	小白浜＝6.0	本郷＝6.0	
		花露辺＝8.3				
釜石町	〔現釜石市〕	平田＝4.5	釜石＝5.4	嬉石＝4.3		
鵜住居村	〔現釜石市〕	室浜＝5.2	片岸＝5.4	桑浜＝4.4	白浜＝4.4	箱崎＝4.4
		両石＝6.4				
大槌町	〔現同〕	浪板＝5.5	吉里吉里＝6.0	安渡＝4.2	大槌＝3.9	
船越村	〔現山田町〕	大浦＝4.8	田浜＝6.7	船越＝6.0		
織笠村	〔現山田町〕	跡浜＝2.9	細浦＝2.9	織笠＝2.4		
山田町	〔現山田町〕	山田＝4.5				
大沢村	〔現山田町〕	大沢＝6.0				
重茂村	〔現宮古市〕	鵜磯＝4.5	音部＝7.8	川代＝4.5	石浜＝3.0	
		千鶏＝13.6	姉吉＝12.4	里＝10.9		
津軽石村	〔現宮古市〕	法脇＝1.6	赤前＝2.1			
磯鶏村	〔現宮古市〕	白浜＝2.1	金浜＝1.2	高浜＝2.3	磯鶏＝4.5	
宮古町	〔現宮古市〕	宮古＝3.6				
鍬ケ崎町	〔現宮古市〕	鍬ケ崎＝3.4				
崎山村	〔現宮古市〕	女遊戸＝7.5				
田老村	〔現宮古市〕	小港＝7.0	樫内＝7.0	下擶待＝7.0	田老＝10.1	乙部＝7.6
小本村	〔現岩泉町〕	茂師＝17.0	小本＝13.0			
田野畑村	〔現同〕	島越＝19.7	羅賀＝13.0	平伊賀＝8.2	明戸＝16.9	
譜代村	〔現同〕	堀内＝19.1	大田部＝13.0	譜代＝11.5		
野田村	〔現同〕	玉川＝15.8	下安家＝4.0			
宇部村	〔現久慈市〕	小袖＝8.2	久喜＝5.5			
長内村	〔現久慈市〕	大尻＝6.5	二子＝6.5			
久慈町	〔現久慈市〕	港＝14.5				
夏井村	〔現久慈市〕	記載なし				
侍浜村	〔現久慈市〕	侍浜＝10.0	麦生＝6.6			
中野村	〔現洋野町〕	中野＝7.0	小子内＝6.5			
種市町	〔現洋野町〕	川尻＝7.0	大浜＝7.0	八木＝6.0		
〔青森県〕						
八戸市	〔現同〕	記載ナシ				
市川村	〔現同〕	橘向＝3.0				
百石町	〔現おいらせ町〕	川口＝2.7m	一川目1.8	二川目＝4.0		
三沢村	〔現三沢市〕	四川目＝4.5	淋代＝3.0	六川目＝4.5		

(宇佐美龍夫『日本被害地震総覧』、山口弥一郎『津波と村』などによる)

表5-1 昭和三陸津波の家屋人命被害（宮城県）

町村名	集落の戸数（戸）	流失全半壊（戸）	被害前人口（人）	死亡行方不明（人）
鮎川村〔現石巻市〕	358	3	2018	1
大原村〔現石巻市〕	250	90	1609	62
十五浜村〔現石巻市〕	648	427	4202	68
十三浜村〔現石巻市〕	311	140	2430	11
女川村〔現女川町〕	995	56	5920	1
戸倉村〔南三陸町〕	128	23	937	1
志津川町〔南三陸町〕	834	12	4926	0
歌津村〔南三陸町〕	567	152	3898	84
御嶽村〔現本吉町〕	112	1	769	0
小泉村〔現本吉町〕	43	60	258	15
大谷村〔現本吉町〕	156	19	1019	0
階上村〔現気仙沼市〕	65	7	505	1
大島村〔現気仙沼市〕	78	7	468	0
鹿折村〔現気仙沼市〕	23	6	224	4
唐桑村〔現気仙沼市〕	972	307	6781	59
合計	5540	1310	35964	307

（宇佐美龍夫『資料日本被害地震総覧』による）

里村では明治のときの1269に対して、昭和の津波では181人と、その約7分の1以下になっており、それぞれかなりの差がある。しかし、それらを考慮に入れても、総じて、昭和の津波の死者数は、明治の津波のときと比較して、波高や被害戸数の割には、かなり下回ったことになる。

一体、何が、その「不幸中の幸い」をもたらしたのか？

事前の地震の大きさの問題、波勢の問題等々、様々な要素があったと考えるが、津波に襲われた住民の側の主体的な条件として一ばん大きかったのは、何といっても、明治の津波のときの体験と教訓が生きていた、活かされたことである。

明治の大津波から既に37年は経過していたが、ほとんどの家に、一夜にして家財を烏有に帰し、先祖の命を奪った津波の恐怖についての語り継ぎがあったし、それぞれに哀しい「津波物語」があって、その記憶が、親子、家族の間で、昨日の出来事のように生々しく語り合われることも少なくなかった。なにしろ、岩手県では728戸も全滅して1戸平均3人も死んでいるし、私の地域などでは1戸平均5.6人も死んでいたのである。

表5-2 昭和三陸津波の家屋人命被害(岩手県)

町村名	集落の戸数 (戸)	流失全半壊 (戸)	被害前人口 (人)	死亡行方不明 (人)
気仙村 〔現陸前高田市〕	149	58	1229	32
高田町 〔現陸前高田市〕	3	3	8	3
米崎村 〔現陸前高田市〕	166	21	1047	8
広田村 〔現陸前高田市〕	591	125	4533	45
小友村 〔現陸前高田市〕	193	58	1177	18
末崎村 〔現大船渡市〕	515	162	2621	37
大船渡町 〔現大船渡市〕	599	51	3601	2
赤崎村 〔現大船渡市〕	471	142	3228	81
綾里村 〔現大船渡市〕	414	254	2772	181
越喜来村 〔現大船渡市〕	490	124	3202	87
吉浜村 〔現大船渡市〕	233	16	1145	17
唐丹村 〔現釜石市〕	550	262	3697	359
釜石町 〔現釜石市〕*	4742	541	25146	38
鵜住居 〔現釜石市〕	402	162	2797	7
大槌町 〔現同〕	1747	537	12033	61
船越村 〔現山田町〕	577	223	3758	5
折笠村 〔現山田町〕		1	945	3
山田町 〔現山田町〕	694	327	4220	7
大沢村 〔現山田町〕	212	107	1387	1
重茂村 〔現宮古市〕	294	57	2186	175
津軽石村 〔現宮古市〕	514	9	3564	2
磯鶏村 〔現宮古市〕	316	36	2437	4
宮古町 〔現宮古市〕	3185	47	18551	2
崎山村 〔現宮古市〕	112	2	999	
田老村 〔現宮古市〕	796	500	4945	972
小本村 〔現岩泉町〕	297	94	1645	155
田野畑村 〔現同〕	239	128	1417	91
譜代村 〔現同〕	279	92	1718	134
久慈町 〔現久慈市〕	169	1	1007	
宇部村 〔現久慈市〕	201	9	1377	7
長内村 〔現久慈市〕	79	6	628	10
夏井村 〔現久慈市〕	63	1	409	1
侍浜村 〔現久慈市〕	372			
野田村 〔現同〕	465	62	3096	6
中野村 〔現洋野町〕	420	7	2905	
種市村 〔現洋野町〕	971	56	5416	116
合計	21520	4281	130846	2667

*(釜石の流失全半壊戸数のうち199戸は焼失、半焼失)
(『岩手県昭和震災誌』による)

その体験者や津波の恐ろしさを聞き知っている気のきいた大人たちが、地震の後、氷点下4度から10度という厳寒の明け方にもかかわらず、自主的に海岸に下がって海の様子を監視していた。津波が来ると確信したわけではないが、事前の地震の大きさから、なんとなく不安に思ったのだという。そして、異常な引き潮を見ると同時に、大声を上げたり、半鐘を叩いたりして集落に危急を告げて住民たちの避難を促した。この危急を告げる叫び声や半鐘の早鐘で、どれだけ多くの命が救われたか、計り知れない。
（念のためにいえば、津波はこのように引き潮から始まるとは限らず、1983〔昭和58〕年の日本海中部地震の際、遠足の小学生たち13人が溺死した男鹿半島でのように、いきなり押し波で来ることもある。が、昭和三陸津波のときは引き潮から始まっている）
　明治の津波の体験が、昭和の津波の被害の軽減につながったという点については、例えば津波直後に現地調査した土木試験場の技師・松尾春雄などもつぎのように言及している。
「流失倒潰及焼失合計は今回（昭和三陸津波）のものは明治29年に比し約47％に当たるに拘らず死者及行方不明の合計は14％に過ぎない。之は今回の津波では以前の経験により地震後古老の言に聞いて早く避難したためである」（「三陸津波調査報告」）。
　現に、明治の津波の体験者をはじめ、こうした賢い大人たちによる犠牲的な行動や、教訓が正しく語り継がれていたかどうかが、その集落における死者数に反映している。
　例えば、現在は陸前高田市になっている気仙町の長部地区では、明治の津波の体験を聞いていた18歳の若者が、引き潮を見ると同時に、火の見櫓に駆け上がって半鐘を打ち鳴らし、危急を告げているし、大船渡町（現市）では、消防の夜警たちが偉かった。震度5の地震の後、浜育ちの第六感で、これは津波が来るかも知れないと直観、鐘を鳴らしながら、細長い町の海岸通りを走って避難を呼びかけている。そのためもあって大船渡では、明治の津波のときの死者110人に対して、55分の1の2人に止まっている。
　また、私の郷里である綾里村では、消防の夜警はいるにはいたけれども（後

で問題になったが)、津波ということが頭になかったらしくて海を監視していなかった。だが、よくしたもので、その代わり、気のきいた漁師たちが何人もいて、浜ごとに、それぞれ海岸に下がって海を監視していた。そして異常な引き潮に気づくと同時に、大声を上げて津波の襲来を告げてまわったので死者は181人と、明治の津波のときの1269人の約7分の1に止まっている。

　今は釜石市になっている唐丹村の本郷。ここにも賢い漁師たちはいたのだが、明治の津波のときの死者数769人に対して、この度もその4割3分に近い325人が死亡する大被害になった。
「何故に斯くの如く多数の死亡者を出せしかその原因を探るに、本郷には明治29年の津波の遭遇者が少なく、ために海岸に下りて警戒する者少なく、大概、平然として就床しあり、あるいは談笑しあり」
「あの大地震の際不安を感じ、家財を背追いて高台に逃れしも、一度家へ来たりし時、古老曰く『晴天に然も満潮時に津波来るものにあらず』と頑迷なる言により安心をなし床にもぐりしと。警戒者も少なく(その後、引き潮を見て津波の襲来を教えてくれた人がいたけれども)寝付きし人なれば聞こえざりきか」(『津波の記録—昭和8年の三陸津波』佐々木典夫編)。

　晴天も曇天も、満潮も干潮も、津波の発生とは全く関係がなく、ただ満潮時の津波は、その分だけ高くなるというだけだが、こうした俗説を頑として述べ、それを信用して「床にもぐりし者」など、初歩的な津波知識が全く欠如していたことを示している。

　さて、田老村の場合はどうだったのか？　残念ながら、田老の場合も、少々、唐丹村と似通ったところがあって、住民による、これといった津波監視活動がなかったばかりでなく、俗説の類に属する語り継ぎなどもあって、被害を増幅させたようである。

　例えば、田老では、明治三陸津波の体験談として、津波の前には井戸水と川の水が引いて空っぽになると、まことしやかに語られていたらしい。そのため昭和の津波のとき、ある人たちは、折角、逃げる準備をしたのに、わざわざ井戸と川の様子を見に行く。

「釣るべ井戸の水を見たが、いつもとさっぱり変わりがないし長内川の水も同じだ。昔の津波のときは、川の水が音をたてて引いたものだ。なあに、これでは津波の心配はないぞと道向かいのじじさん（爺さん）が話した」（田沢直志著『母と子の大津波』）。

　こうして、母子も近所の人たちもすっかり油断してしまった。

　明治の津波のとき井戸や川の水が涸れたというこの話、一体、本当だったのか？　そもそも田老村の田老ではたった36人しか生存者がいないというほどの全滅であった。全滅して一人の生存者もいない家も130戸に及んでいる。そのため、田老では被災しなかった近隣の村々から親類縁者が来て後を継いだり、中には、その斡旋で、全くの他人が後を継ぐなどして家と村の再興に当たった。だから、昭和の津波の頃の田老では、津波前から田老に住んでいた人たちよりも、明治の津波後に入村して来た人たちのほうが多くなっており、そのお爺さんなりお婆さんなりが、津波当時、本当に田老に住んでいた津波の体験者だったのかどうかということもあるし、誰かの話の、単なるまた聞きや聞き違いの可能性もある。だいいち、明治の三陸津波のときは田老に限らず、事前に津波を予想した人など皆無で、わざわざ井戸や川の水を見に行く人などいなかったはずである。にもかかわらず、それが、本当の体験談のようにして広まった可能性も考えられる。

　民族学者の山口弥一郎博士も書いているが（『津波と村』＝『山口弥一郎選集』第六巻『世界文庫』収録）、津波による被害があまりにも壊滅的なために、体験を正しく語り継ぐべき人が少なく、つぎの津波でまたも壊滅するという事例は、田老村に限らず、津波災害でしばしば見られる現象なのである。こうして田老村では、明治の津波の際の死者1867人（一家全滅130戸）に対して、昭和の津波でも972人が死亡・行方不明（『岩手県昭和震災誌』）になっている（田老町『地域ガイド』では、一家全滅66戸で死亡・行方不明911人）。

素早い避難が、死者を最小限に止めた

　気のきいた賢い大人たちによる海の監視活動と、危急を告げる犠牲的な行動となって活かされた明治三陸大津波の体験と語り継ぎは、同時に、一般住民の、打てば響くような素早い避難行動にもなって活かされた。呼びかけた者と応えたものとの一体となった、その機敏な避難が、犠牲者を最小限に止める「不幸中の幸い」を生んだ。

　いうまでもなく、当時のこうした語り継ぎは、現在、私たちが行っているような、津波防災の将来を意識したものではなく、ただ、体験した津波の恐ろしさを語り、津波で死んだ肉親への哀惜を語ろうとする人間的な心情によるものであった。

　私たちの兄弟が小さいとき、繰り返して父から聞かされた津波の話も同様で、津波の怖さと、津波で死んだ母・ウメ、私たちにとっては祖母への、限りない哀惜に満ちた、いわば一つの「津波物語」であった。

　その夜、乳飲み子のタネを抱いて海岸近くの浜の番屋まで用足しに出かけたウメは、翌朝、集落の隅に押し込められている壊れたどこかの家の下から、

岩手県綾里村（現大船渡市）・港〔『岩手県昭和震災誌』〕

既にこと切れた乳飲み子を抱いたままの姿で、まだ生きているのを見つけ出された。その母を、当時15歳の若者だった長男の父が背負い、13歳だった次男の叔父が死んだ妹を抱いて、半壊になった家に運んで来た。母は大柄な人でたいへん重かったともいう。しかし、運んでは来たが医者や薬があるわけでもなく、2日後、ついに母は、汚い水をたくさん吐いて死んでしまった。葬式などできる状態でもなく、野花を摘んできて供えただけで、近くの墓地に、母子とも、ただ埋めてしまった。

「運んだときは涙が出なかったが、埋めるときはなぁ。まだ35だったもの。死んだタネを抱いててなぁ」

　せめて母だけでも助かってほしかった、助けたかった、という父の思いがいっぱいの話で、私など、聞くたびに涙ぐんだものであった。

　こうした「津波物語」は、無論、私の家だけでなく、何処の家にもあった。村では1戸平均3人、私の集落では5.6人もが死んでいるのだから、当然のことである。そして、語る当人たちは、それを意識してのことではなかったが、聴き手である子や孫たちに対して、自然と津波への恨みと恐怖心を伝え、植えつけるものとなった。だから、私たちの子どもの頃は、遊んでいて、ふざけて友だちを威かしたりするとき、よく、後ろから「ツナミダー」といったりしたものであった。それだけ、語り継ぎによる津波への恐れ、恐怖心が浸透していた。

　津波に対するこうした恐怖心が、賢い大人たちの、地震の後での海を監視する行動になり、一般の人たちの俊敏な避難行動になったといえる。

そのとき人々は、ただ黙々と走った

　もう4年生になるというのに、8人兄弟の末っ子であった私は、まだ父と一緒のせんべい布団にくるまって寝ていた。気温は氷点下4度から10度だったというが、とにかく寒い寒い夜明け前のことだった。多分、父の懐で蹲るようにして熟睡していたのだと思う。

　メリメリっと地震がきて目が覚めた。ギシギシと不気味な音をたてて家の

屋台骨が軋み、上の神棚からどんどん物が落ちてくる。今にも家が潰れそうな大きくて長い地震であった。記録によると震度5。揺れが4分余りもつづいて最大振幅40㎜とある。3部屋に別れて寝ていた家中が異様な声を出して飛び起き、私は父にしがみついた。が、そのうち地震がおさまったので、わいわいいいながら、みんなまた布団にもぐり込んだ。しかし、びっくりさせられたので、すぐ寝つくというわけにはいかない。
「おっかなかったなー（恐ろしかった）」
「どっかで家が潰れたんじゃないが？」
　布団ごしの話が始まった。父と母が明治29年（1896）年の津波の話を始めた。地震があるといつも、きまって話はそこへいく。どっちだったか「大丈夫だろう」といったようにも思う。
　2度目の地震がきた。今度はそれほど大きくない。
「揺りげぇしだな（余震）……」
　寒いところを起こされたためか、小便がしたくなって私は布団を出た。
　当時はどこの家でも、便所は母屋から離れて建っていた。そのため冬の間は外まで行くのが辛いので、少々臭いが、夜は小便桶を母屋の土間まで運んで置き、みんながこの桶で用をたす仕掛けになっていた。その小用の最中だった。
「黙っていろ！」
　奥で父の怒鳴る声がした。家の下のほうで、なにやら叫び声がしているらしく、耳をすまそうとしたのであった。後でわかったことだが、まだ13歳だった明治の津波のとき、死んだ妹のタネを家まで抱いて来た私の叔父・善治が、地震の後、海岸に下がって津波に気づいき、集落に避難を促した叫び声だった。
　ほとんど同時に、
「津波だ！　逃げろ！　」
　父の大声がして、みんなが、我先にと寝間から飛び出して来た。
　寝ぼけ眼で小便をしていた私も、その後を追うようにして、そのまま外に出た。既に晴れてはいたが、外はいちめん、真っ白の雪景色であった。

もう、家の前の小道を、下の方から、黙々と、ただ黙々とみんなが駆け上がって来ていた。運動会ではいつもびりっけつで、家族に恥ばかりかかせてきた私だが、このときの逃げ足は相当なものであった。そのエネルギーの源泉は（これも後で考えてのことだが）、何度も聞かされてきた津波への恐れ、その恐ろしい津波にここで追いつかれたら死んでしまうんだという恐怖心だった。

　父や兄の後を追うように、前の道から小雪の積もる段々畑を真っ直ぐに駆け上がって、渚の真上に屹立する、標高53 mの、通称、お月山（月山）まで、せいぜい3分ぐらいのものだったと思う。気がつくと裸足であった。この間、両親も兄たちも、文字通りの「津波てんでんこ」で、銘々ばらばら。時々、こっちを向いて声をかけてくれるだけで、手を引いてくれるでもないし、待っていてくれるでもない。

　山には、避難した人たちが続々と上がって来ていた。間もなく下の浜辺では、またしても大波の押し寄せる轟音がして、ドカン、ガガンと壊された家々が海に運ばれて行くらしかった。救助を求めているのか、家族を探しているのか、悲痛な叫び声もしている。

　そのうち、大人たちが杉の枯れ葉や柴を集めてきて火を炊き始めた。みんなが、その火を囲み、火明かりに人々の顔が照らし出される。いつも髪を「つぶし」に結っている、他所者の土建業者の奥さんも来ていたが、その髪が振り乱れて恐ろしい面相に変わっていたのを思い出す。

　見ると、向かい側の山からも、あちこちから篝火が上がり、叫喚の声がしている。

　かれこれ1時間ほどしてから私たちは山を下りた。幸いにも私の家は、少々、高い所（海抜13 m）に建っていたお陰で、明治の津波のときは半壊だったが、今度は無事であった。けれども、家の前まで来ると庭先から今際のきわを思わせる女の呻き声がして、思わず私は兄の背中で震えた。庭の井戸端の前にこんもりとかけられている布団のなかからだった。後で聞くと、私の叔父が危険を冒して担いで来たキヨシ婆さんという人だった。波に翻弄されているうちに何かにぶつかったらしくてお尻がザクロのように割れ、酷

い出血だったので、もう助からないだろうと、先に山を降りていた家の母が布団をかけてあげたものであった。
　家の中は、もう避難して来た人たちでいっぱいになっており、炉端ではどんどん火が炊かれている。そのなかに、つぎつぎと負傷者が運ばれて来る。ずぶ濡れになって、ガタがタ歯を鳴らしている。熱い湯を飲ませ、女たちがみんなで体をこすってあげる。
「三十郎おんつぁ（小父さん）、大丈夫だ、しっかりしなれ（しなさい）」
　こうして以後、私の家では、避難して来た大勢の人たちとの共同生活になった。親戚をたよって出て行く人たちもあったが、流されなかったのは、27軒中、たったの4軒、しかも構えだけは、私の家が比較的大きかったので当然の成り行きであった。
　地区内の死者は全部で9人だった。明治の津波では146人も死んで、生き残りはわずか41人にすぎなかったが、死者9人に止まったのは、家の叔父たちが地震の後、海岸に下がって津波を監視していて、引き潮と同時に危急を告げてくれたお陰だった。
　亡くなった9人の内訳は、何れも逃げ後れた70歳と80歳のお婆さん2人、キヨシ婆さん夫婦、三十郎さんの家族4人、もう1人はK君という私の友だちのお父さんだった。折角逃げたのに、最初の波の後で、家族をおいたまま貯金通帳を取りに戻ったところを第2波でやられたのだとの噂だった。
　これも、Kちゃんという女の同級生だったが、この家では、お父さんの適切な誘導で、一家5人が命拾いしたことも話題になった。台風によるちょっとした時化でも庭先まで波が上がって来るような渚に近い家だったが、奥地の方に真っ直ぐ走っていたのでは津波に追いつかれるとの、お父さんの咄嗟の判断で、親子全員が家の直ぐ脇にある断崖を、血まみれになりながらよじ登り、辛うじて逃げ切ったというのであった。しかも、その時、Kちゃんのお母さんは6ヵ月の身重だったと、私の母が、津波の話になるたびに感心して話していた。ちなみに波高は9m。一瞬の遅れでも一家全滅という際どいところだった。
　昼頃になって、上の兄の尻にくっついて恐る恐る行って見ると、下の畑の

真ん中に、去年借金して新造したばかりのわが家のイカ釣り船が、どてっ腹に穴を空けたまま、どっかと横たわっていた。驚いたことに、その脇の麦畑の畝では魚がパタパタしている。アイナメだったかも知れないが、持って帰る気にも食う気にもなれなかった。

更に港の中心街に行くと、家が建っていたことを示す土台石が残っているだけで、さっぱりとして何も残っておらず、湾内は、壊れた家の残骸などでいっぱいであった。

こうして村（綾里）では410戸のうち、244戸が流失・破壊され181人が死亡・行方不明になった。2週間ほどして学校に行くと、同級生数人をはじめ、かなりの生徒が溺死していた。そして学校に通う途中の海岸や河原では、来る日も来る日も死体を焼く哀しい煙が立ち込め、海から溺死体の揚がる日がつづいた。

夏休みに海水浴していたとき、突然、女の腐乱死体が浮き上がってきて大騒ぎになったこともある。全滅して1人だけ残った、3級上の女生徒の母さんだとわかり、身元確認のために連れて来られたその子が、母さん、母さんと泣き叫んでいたのを今でも忘れられない。残酷な話であった。

貧しく暗い時代を反映した救援活動

この大津波は、筆舌にも尽くせない貧しく暗い時代のことで、今では完全に死語と化したが、学校に弁当を持って来れない「欠食児童」や、借金と凶作による貧しい家計の犠牲になって身売りを余儀なくされる娘たちの「娘身売り」問題などが、2年前の秋（1931〔昭和6〕）から始まった「満州事変」という名の中国への侵略戦争と、その戦況を伝える記事などとともに、新聞で頻繁に話題になっていた時期だった。

極貧のため「わらびの根どころか馬でも顔を背けそうな得体の知れないものを常食としている家があった」とか、果ては、疲弊と凶作による「農漁村の欠食児童、遂に20万を突破」という文部省発表によるセンセーショナルな新聞記事が出たのは10カ月前の前年7月28日のことであった。当時の、

帝国農会の発表による農家の借金の全国平均は1戸当たり7〜800円だったが、東北地方の農山漁村の平均は、それより約100円も多かった。

　被災地に対する救援活動も、人々の厚い人情とともに「満州事変」下の世相を色濃く反映するものとなった。被害戸数に対する死者の割合が少なかったことは明治の津波と比べて幾分でも幸いなことだったが、一面では、辛うじて助かったものの一夜にして家と家財を失い、寒中に放り出された被災者……、緊急な救済を必要とする人々が、それだけ多いことを意味した。明治の津波は6月15日という初夏の暖かな季節だったのに対して、この津波は3月3日という東北ではまだ厳寒の時期であったから、飢えからの救出だけでなく寒波からの救出も急がれた。

　救援の手はまず流失を免れた近隣の集落や村から差しのべられた。

　何よりも早く食べ物を、着る物をと、まず炊き出しや衣類が送られた。だが、元々、三陸沿岸は、たいした米穀の生産地でないから通常でもその保有量が少ないのに、前々年から凶作、不作とつづいた影響が重なって、一帯の米櫃はたちまち底をついてしまった。衣類も、今日と違ってお互いに余分の持ち合わせがない。

　内陸部の市町村や近県からも、すぐ救援の手が差しのべられたが、内陸と結ぶ交通事情は、明治の津波の頃とさして変わっておらず、陸の孤島と化した沿岸の村々に対する峠越の物資輸送は意にまかせなかった。

　そこで、急遽、横須賀や青森県の大湊などから、駆逐艦数隻が出動して、孤立化した村々の港を巡り、直接、防寒具や食料などを届けてまわった。

　陸軍からも弘前の師団や盛岡の騎兵隊などが出動して、毛布、外套、シャツ、乾パンなどが何台かの軍用トラックで、大船渡をはじめ交通の便のある沿岸の町に輸送され、何隻も残っていない発動機船が、時化の合間をぬって、村々に分配してまわった。

　陸軍省の発表によると、当時、軍に兵士をおくり出している「出征兵士」の留守宅の被災戸数は、岩手県だけでも420戸、その中、「匪賊の掃討」などと称して中国・熱河省の最前線に出動し、3月4日に省都に入城を果たしたのは、岩手県出身の兵士を中心に編成されている歩兵第31連隊という部

隊で、その中の386人の兵士の留守宅が、前日、すなわち3月3日の大津波で被災していた。私の従兄も、長男だがその一人だった。別に『岩手県昭和震災誌』によると、「派遣兵」の被害戸数は194戸、留守部隊に属する兵士たちの被害戸数は53戸、家族の死亡者は合わせて60人となっている。

　いずれにしろ、被災地への救援問題は、軍の戦争遂行上も重大問題とあって、早速、陸軍大臣代理の谷陸軍少将が盛岡を訪れて「国軍の士気に重大関係を持つ」との談話を発表するとともに、被災した「出征兵士」の留守家族に対して、軍としての特別の見舞金を贈与した。天皇家も見舞いの特使として侍従・大金益次郎を現地に派遣し、罹災各町村を見舞ってまわった。ただし、発表によると綾里村を除くとあり、その理由は峠（九十九曲がり）が難所、船もなかったためとされていた。しかし、これは、一つの口実に過ぎなかったようだ。実は綾里村は、当時、プロレタリア作家・片岡鉄兵のベストセラー小説『綾里村快挙録』（『プロレタリア文学集』新日本出版社）によって、148人もの労農党員がいる激しい漁民闘争の村として全国的に知れわたっていた。実際の争議は大正の末期から昭和の初めにかけてのことで、この津波の頃は、その組織も運動も、実際上壊滅していて、影響力がなかっただけでなく、天皇崇拝や軍への協力的態度なども、他の町村と変わりなかったのだが、危険な「アカ」の村と見做して差別したものらしかった。

　勿論のことだが、救援に乗り出したのは軍部だけでなく、かねてから、東北地方の農山漁村における疲弊と凶作による貧しさが国民的な話題になっていたこともあって、救援の輪は全国各道府県から、果ては、海外にまで広まり、日本が侵略中の相手国・中華民国からまで義援金が寄せられた。民間の救援活動も活発に展開された。

　東京では大学生たちが街頭に立って、凶作と津波で苦しんでいる三陸の人々を救えと訴え、小学生たちが、お小遣いを出し合ったりして義援金の募集に応じているなどが新聞で報じられた。こうして、募集された義援金や、上野の駅に山積みされた救援物資、心あたたまる慰問品などが現地に送られ「救援品が都会の文化を運んだ」とまでいわれた。

　前にも述べたように、当時は、貧困と凶作に苦しむ東北地方の窮状が、社

会的な大問題になっており、そうした状態にも関わらず、ひたすら戦争の道を突き進んでいる軍部や財閥への批判と、そのための犠牲者である農漁民への階級的な同情を示す視点に立つ救援活動も盛んに行われた。

東京では、労働者の間で「三陸震災救援委員会」が組織されて、交通労働者などが一人２円ずつを拠出し、計1300円も現地に送金するなど、活発な救援活動が展開されていた。しかし。この事実は、今日でもあまり知られていないが、当時の官憲は、こうした救援活動を「アカの活動」として徹底的に取り締まり、300余名を逮捕投獄するなど、大弾圧を加えている。

その頃、東京の大崎にあった「無産者診療所」を中心に、貧しい労働者や失業者、またお金を出して医者に診てもらえない人々への奉仕的な医療活動をつづけている医師と看護婦と事務局員の３人が、貧しい人たちから集めた義援金のほか、医療品や衣料などを持って、いちばん救援が遅れていると新聞に出ていた岩手県の田老村に向かった。当時鉄道省は、３日以上無報酬で三陸津波の被災地へ救援に出掛ける人たちに対して、無賃乗車を認めていたが、３人は、ちゃんと乗車券を購入して盛岡から宮古に入り、船で田老村に渡ったのだという。

しかし、この善意も、思想取り締まりの特高警察によってたちまち踏みにじられてしまった。３人は、役場を訪問して持参した義援金を渡した後、早速、被災した人たちへの診療を開始したが、間もなく、問答無用で逮捕され、盛岡署送りにされた後、更に、日詰署にたらい回しになった。盛岡署が逮捕された思想犯でいっぱいなためであった。当時、田老村では、風邪をひいたり肺炎を起こしたりで、病人が続出し、一人でも多くの医師や看護婦を必要とする事態だったが、官憲は、そんなことよりも、無産運動や共産主義者、あるいは、それらしきものへの弾圧を優先させたのであった。特高警察のやり方である。プロレタリア作家の小林多喜二が、東京の築地署で特高警察によって逮捕、虐殺されて（２月20日）まだ１カ月も経っていない時点でのことであった（砂間一良編『愛情は鉄窓をこえて─獄中14年の手紙』光和堂）。

岩手県唐丹村（現釜石市）小白浜の惨状〔『岩手県昭和震災誌』〕

見事に成功した住宅の高所移転

　昭和の三陸大津波は、40年そこそこの間に2度も大津波に襲われ、流されては建て、建ててはまたも流される徒労を繰り返しただけでなく、合わせて2万5000もの命を失うことになった三陸海岸の村々に対して、つくづくと津波の恐ろしさを思い知らせ、住宅の高所移転を、否応なしに迫るものとなった。

　唐丹村の小白浜では、明治の津波の後、折角、高所に移転した住宅の多くを、山火事によって焼失したとき「津波は何時来るかもわからぬが、山腹に居ては山火事が恐ろしい」といって、焼け残った十数戸を除いてほとんど全戸が、津波前に家が建っていた低地の元屋敷に戻ってしまった。同じく唐丹村の本郷でも、ある有力者が、自身の所有する海岸より約600m離れた斜面の地所に自宅を移し、地域全体の移動と再興を勧めたが、従ったのは数戸に過ぎ

ず、その数戸も、元屋敷への愛着を絶ちがたく、大漁がつづいたこともあって、結局、海岸近くの元屋敷に戻っていた。昭和の津波は、その家々を含めて唐丹村の240戸を、再び烏有に帰し、360人もの命を奪い去ってしまった。対照的に、村の有力者を中心に集団的に住宅を高所に移し、元屋敷は耕地にするなど、明治の津波の後、津波に弱い集落の改善に取り組んだ隣の吉浜村では、9mの波高にも関わらず14戸を流失したのみで、死者も川口に近い倉庫で仕事をしていた出稼ぎ者数人を含む17人に止まった。

　もう、議論の余地はあるまい。この津波の後、岩手県の復興アドバイザーになった、文部省の外郭団体である震災予防評議会幹事の今村明恒博士はこういって断言した。

　三陸海岸は、沖に、地震津波の巣（日本海溝）を抱えているばかりでなく、地形が津波に弱い「日本一はおろか世界一」の「津波常習地」であるにも関わらず、これまで然るべき防災措置を講じて来なかったのは、
「文明人としての恥辱である。それには我々の如き学徒にも責任はあるが、其の局に当たる役人や、自衛の道を講じなかった居住者もまた責任の一半を分かつべきである」。

　かくして「住宅は必ず津波の魔手の届かない位置に選ぶべきである」「浪災予防法として最も推奨すべきは高地への移転なり」という、内務省への今村明恒博士の建議が、国の方針として採用され、大蔵省預金部による「三陸地方震災復旧資金」としての低利資金の融資（岩手県分、1107万1000円）の裏付けも得て、住宅の高所移転を中心とする復興計画が策定された。

　国の方針と復興アドバイザーの指導による県の方針は、明確、かつ画期的であった。
「将来、津波が襲来した際に人命と住宅の安全を期するため、今次並びに明治29年における津波襲来の浸水線を標準として、それ以上の高所に住宅を移転させることにする。その際、倒壊家屋も多くなく、かつ造成に多額の工事費を必要としない適当な面積の移転地が分散してある集落については、別に資金を供給せず、各個に分散移転の方法をとらせることにする。だが、そうではない地方、すなわち、岩手県内4郡20町村の45集落2200戸に

対しては集団的に移転させることにする。その造成に要する工事費34万5000円は、大蔵省の預金部による低利資金の融資を受けることにし、県で作成する具体的な配当案を内務省都市計画課に提出して承認を得た上で各町村に交付、町村を事業主体としてこの事業を執行させることにする」(『岩手県昭和震災誌』による)。

これで、具体的な高所移転計画の策定と実行が、各町村で一気呵成に進み、津波後わずか2年そこそこの間に、岩手県だけでも約2200戸の集団的移転を含む約3000戸の高所移転が実現して三陸海岸の集落の住宅地図は一挙にぬりかえられることになった。

村の借金で始まった田老村の防浪堤工事

ただし、この中にあって田老村は、住宅の高所移転ではなく、防浪堤(防潮堤)の建設という独自の道を選択した。

田老村の場合も、明治の津波の後の再建計画では、他村から集落移動の経験者を招くなどして、山麓に2m程度の土盛りをし、津波の危険地帯にある全集落を移動させる予定だった。そのため村民には義援金の分配を我慢してもらい、まずはその3000円を投じて第1期工事にかかった。当初は村の世論も前向きで、実際にも5、6戸が計画に沿って高所に移転した。だが、

岩手県田老町(現宮古市)の大防潮堤〔同町『地域ガイド』〕

義援金だけでは工事の完成は見込めない。そのうち一部の村民から、困窮者を救済するための義援金を分配しないでその工事費に充てることへの批判、些少の土盛りで、果して将来の津波被害を防げるかなど、もっともな意見が続出し、漸く50cm程度の土盛りをしたところで工事は挫折を余儀なくされ、折角移転した5、6戸も、1戸を除いて元屋敷に戻ってしまった。結果、全体として元の津波危険地帯に集落を再興し、家々が密集することになった。こうして、昭和の津波でも、死者900人余という沿岸諸町村中の最大の惨害を被り「津波田老（太郎）」とさえ、いわれるようになる。

　津波後の復興計画立案に当たって県当局が示した案は、防潮堤の建設を考慮しながらも、主には、やはり高所移転を推進すべき村としていた。しかし、田老は村といっても、移転を要する該当戸数は500戸にも及ぶ。しかも、田老には、そのための適当な高台も見当たらない。そこで、当時の村長、名村長だったと回想されている関口松太郎翁のイニシヤチブの下に村当局が打ち出したのが、全長1000m、工事費20万円を要する防浪堤（防潮堤）の建設を柱とする総合的な復興計画であった。しかし、これは途方もない費用だと、県当局は認可せず、計画は中止せざるをえなくなった。背景には「満州事変」以来、年々、膨張をつづける軍事予算のための財政難があった。しかし、このままでは悔いを後世に残しかねない。既に村の一部では茫然自失して、村そのものの移転を云々する者もいれば、実際にも見切りをつけて離村する者もいるなど、事態は暗く、かつ深刻であった。そこで、この際は国や県をあてにせず、村独自で津波から村を護るための防潮堤を建設しようとの決断になり、取り敢えずは、大蔵省預金部から内示の出ている宅地の造成資金6万円を借り入れてその中の5万円を充当して工事を始めようとなった。

　こうして借金で始まった田老村の防潮堤工事は、流石に、これまた名知事といわれた当時の石黒英彦岩手県知事と県当局を動かし、2年目からは県としての工事に格上げされて工事が進んだ。田老村が、明治と昭和の2度にわたって三陸海岸最大の被害村となり、合わせて2700余の溺死者を数えた悲惨の歴史を思えば、知事としても、見て見ぬ振りはできなかったのであろ

う。かくして、戦争による中断はあったが、1958年、実に18年の歳月を経て、海面よりの高さ10ｍ、全長1350ｍという世界にも類を見ない大防潮堤が完成するに至った。その後、チリ津波対策などもあって、度々、延長工事が行われ、最終的には総延長2433ｍにまで延びた巨大な防潮堤が、城壁のような形で田老の集落を包み、今では「万里の長城」などとも呼ばれている。

　津波防災史上における田老町の大防潮堤の意義は、その長さや大きさもさることながら「自分たちの村は自分たちで守る」という、住民自らの高い防災意識が原点、源泉になって自力で着工した点である。先年、宮古市と合併したが、田老町が2003（平成15）年、昭和三陸津波の70周年に当たって行った「津波防災の町宣言」も「近代的な設備におごることなく」「地域防災力の向上に努め」ようとの趣旨のもので「自分たちの町は自分たちで守る」という、こうした防災思想を謙虚に反映したものとなっている。

「これより下に家を建てるな」の教え

　昭和の三陸津波後における津波防災のための取り組みは、住宅の大々的な高所移転、田老村の防潮堤をはじめ、主要各港湾での護岸工事、紀州・広村に学んだ防潮林の植樹など、実に画期的なものであったが、それでも、なお不安は残った。住宅が高所に上がったことによる漁業の不便は、全体として、依然、解消されておらず、明治の津波後の唐丹村での教訓が示すように、結局は不便に我慢できなくなって、またしても低地の元屋敷に戻ってしまうのではないかとの心配だった。

　そこで、これも今村明恒博士らのアドバイスによって実現したのが、津波体験の風化を防ぐ啓蒙的手段の一つとしての津波記念碑の建設であった。『岩手県昭和震災誌』はこれについてつぎのように述べている。
「災害防止施設の一端として東京朝日新聞社の指定義援金2万6230円を以て、罹災地各町村に震災記念碑を建設せしめることとした」
　今日、北は青森県から岩手県をはさんで南は宮城県に至る海岸線の各地に

見られる約200基の津波記念碑の多くはこうして建てられたものである。
　右による記念碑の多くは、後援として『東京朝日新聞社』の社名を裏面に刻んでいるので、よくその経緯を質問されるが、これは、同社を通じて全国から贈られてきた義援金の中、募集の締切り後に寄せられた分を、災害を風化させないよう記念碑を建てる費用に充ててほしいと、同社が各県を通じて各町村に渡したことから、建設に当たって同社の社名を刻むことになったもので、このアイデアは、元々「震災共同募金」運動の支援などで同社と関係の深かった今村明恒博士のアドバイスによるものであった。
「朝日新聞社が不忘（三陸津波の）を勧める為二百の罹災地に記念碑を建立させたことは特筆すべきである。これは募集後の義捐金を充ててできたのであるが、場所や碑面に刻む標語の選定にまでも参画した余としては、些か会心に値する思い出である」（今村明恒著『地震の国』〔文芸春秋新社〕収録「天災は忘れた時分に来る」）

> 高き住居は　児孫の和楽
> 想へ惨禍の　大津波
> 此処より下に　家を建てるな
> 明治二十九年にも、昭和八年にも津波は此処まで来て部落は全滅し、生存者、僅かに前に二人後に四人のみ
> 幾歳　経るとも　用心あれ

「此処より下に家を建てるな」岩手県宮古市、旧重茂村・姉吉集落の津波記念碑（「現代プロ」提供）

碑文はそれぞれユニークで今村博士は「今後の津波警戒に大切な役割を演じられるよう二三の訓戒が刻んである」(右同「三陸沿岸の浪災復興」)としているが、
「地震があったら津波の用心　津波が来たら高い所へ」
「不時の津波に不断の注意」
「強い地震は津波の報せ　その後の警戒 1 時間　忘るな惨禍の大津波」
　等々、若干、解説を要するものもあるが、総じて今日でも津波防災教育のために役立てられているものが少なくない。
　なかでも、津波体験による痛切な教訓を、思いを込めて諭しているとして有名なのが、旧重茂村(現宮古市)の姉吉地区に建てられている「此処より下に家を建てるな」の『大津波記念碑』である。

　記録によると、この地(姉吉)は、明治の津波で波高 18.9 m、11 戸が全滅して 91 人中、75 人が溺死したにも関わらず、再び元屋敷に家々を再興したがために、昭和の津波でも、波高 12.4 m の津波によって「建網(定置網)に働いていた者を含めて「百数十名の若者が無造作に全部流されてしまって影を止めず、生き残ったのは、不在者だった四名とは、話の外」だったといわれている(『重茂・千鶏区大海嘯誌』)。
「これより下に家を建てるな」というこの記念碑は、津波の研究者や防災関係者の間でもよく知られているが、それは、未来に向かって教え諭す言葉として簡にして要を得ているだけでなく、明治の津波による教訓を学ばなかったことで、昭和の津波で再び大きな惨害を被ったことへの悔恨の思いが、文字と言葉に滲み出ていて感動を呼ぶからであろう。

　なお、岩手県田野畑村にある昭和の津波の七回忌に(昭和 15 (1940) 年)村の有志(熊谷門介・工藤良介)によって建てられた石碑にもつぎのように刻まれている「『田野畑村の大津波－伝承と証言』)。

一、ジシンガシタラバ、ユダンヲスルナ
一、ジシンガアッタラ、タカイトコロヘアツマレ
一、ツナミニオワレタラ、タカイトコロニアガレ
一、チカクノタカイトコロヲ、ヨウイシテオケ
一、オカミノサダメタ、ヤシキノチヨリ、
　　ヒクイトコロニ家ヲタテルナ

被災余聞

(『東京日日新聞』『東京朝日新聞』『岩手県昭和震災誌』等による)

惨状、目も当てられず……
「東京立川の飛行場を3日午後1時50分に出発し、表日本の海岸線に沿って北上、松島、塩釜から、海岸線を縫いながら、記録映画を撮影しつつ、牡鹿半島の上空、石巻、気仙沼を経て120mの低空飛行で岩手県に入り、釜石の上空に向かう。石巻、気仙沼へと北上するに従って惨害いよいよ甚だしく、松島湾から南のあの平和な海岸線と比べてたいへんな違いである。
　気仙沼の海岸には大きな2条の亀裂が走って大地が割れている。海岸線の家は、地震で潰されているだけでなく津波に浚われた跡が歴然としており、あまりにも悲惨で目も当てられない。家は剥ぎ取られて岸に揚げられ、漁船は陸に腹を見せて打ちのめされ、あちこちに散乱している。海辺の低い土地にあった家は全滅といっていい。わずかに小高い所にある家だけが難を免れている程度だ。唐丹村の辺りまで来ると、海上に漁船らしきものが腹を上にしてぽっかり浮いている。眼下の釜石には、過去の華々しい漁港の姿が無惨にも消え失せて町の半分が廃墟と化し、港には木片が充満して恐ろしい光景である。遠くの民家に突入したらしい大型漁船があり、鉱山の線路はアメの如くにへし曲がっている。火災の発生で焼失した所からは、なお、わずかながら煙が上がっている。付近には、海岸線のかなり高い断崖にまで、津波の

跡が白く引かれていて3丈余りの津波であったことがわかる。近くの村落には倒れた家が散在して、周囲には多数の人々が集まっている。大槌町へ行くと泥でくっきりと町がくまどられ津波の激しかった跡を如実に物語っている。ここは釜石よりも津波の被害が酷かったと見る」(1933年3月4日『東京朝日新聞』)。

〔宮城県〕

女川町（現同）　阿部孝君（中学五年）談……

　「夜中に大地震で目が覚めた。少し経って午前3時10分頃と思うが、海上から自動車の走って来るような音がした。その瞬間、津波だ！　というので裸足のまま戸外に飛び出した。海岸通りを夢中で走って山へ山へと逃げた。後から登ってきた人たちの話では、町一帯が腰の辺まで水浸しになったそうだ。全町民がみんな山に避難したからたいへんな騒ぎで、暗黒の晩だったが雪明かりで四辺がぼんやりと見えていた。何ともいえない恐怖に満ちた物凄い一夜を、山の上で震えながら明かした」。

歌津村（現南三陸町）　越中富山の薬売りも遭難……

　名足では、ちょうど地震の起こるまえ漁師12名が鮫網の出漁準備中だったが、地震の後、潮が恐ろしい勢いで退いて行くので、津波の前兆と知り、大急ぎで女子どもを叩き起こして裏山に避難させ、やっと命からがら死線を突破した。石浜では越中富山の薬屋さんの溺死体が揚がった。しかし、収容する術もなく、3日午後現在も浜辺に取り残されたままでいる。

小泉村（現本吉町）　突然の衝撃に痴呆のようになって……

　佐藤貞吉さん（34歳）一家が、倒壊家屋に押し潰された跡は殊に悲惨である。家はめちゃめちゃに壊され、その下敷きに6人の犠牲者がかくされていて涙をさそう。母シゲさん（56歳）のうつ伏せの死体が倒れた柱の間から見え、その死体の傍には去年生まれたばかりの男児の死体もある。中館賢蔵（68歳）さん一家5人の現場も同様に無残な光景だ。同家で生き残った長男と、妻まつ

さんは、この突然の大衝撃に痴呆のようになり、うろうろと現場を彷徨っている。

〔岩手県〕
高田町（現陸前高田市）　浩養館（塩湯）宿泊者の話……
　高田松原にある塩湯の浩養館では家族3人が死亡した。3人とも津波に呑まれて即死したようである。悲鳴も聞かなかったという。当夜の宿泊人は須知鉄雄氏と鈴木米平氏であった。須知氏は、当夜の情況をつぎのように語った。
「地震後、高田の巡査派出所から、異状ないかとの電話であったが、そのときは何でもなかった。その後、これまで聞こえていた浜辺に寄せるいつもの波の音がすっと聞こえなくなった。これは不思議だ、気味わるい晩だと思ううちに、上の方が白く光った黒屏風を立てたような大波が押し寄せて来た。立ち上がって入り口の戸を開けたときは、もう大波が階段を猛然とした勢いで上がって来た。そのため、入り口の戸は外れ、その戸によって壁きわに体が押しつけられ、家は傾くで進退きわまってしまった。そのうち、第2の波が来て、屋根に逃げ出すことができた。けれども、家そのものは、次第に後ろのほうに流されて行った。うまい具合に松の木の所に家が近づいたので、この時とばかりに、その木につかまり40分ぐらい木の上にいてやっと助かることができた。

広田村（前同）　出港直前だった3隻の漁船……
　泊浜では強震後、鮫漁に出漁する漁船3隻に船方たちが乗り込み、エンジンをかけて、これからそれぞれに出港しようとしている時に異常な引き潮が始まった。そのため、津波の襲来を予感して、1隻は最大速力で沖に走り、他の2隻は錨を揚げて走り出そうとした。その時、轟々ざわざわと海鳴りが起こり、忽ち、白い高波が襲って来、乗組員たちは津波だ！　と騒いだが、沖に出ることも岸に上がることも出来なくなった。1隻は第1回の波に呑まれて浅瀬に打ち揚げられたので、乗組員は波に飛び込んで辛うじて逃げることができた。他の1隻の乗組員は魔の海に飛び込み、波にもまれながらも抜き手をきって岸

に泳ぎついた。2人の乗組員は船体につかまり、運を天にまかせているうちに200mばかりの地点に打ち上げられて無事を得た。

末崎村（現大船渡市）　カフェー・キング家の悲劇……

　細浦のカフェー・キングの主人は、津波だ！　との声を聞くや、二人の娘をまず避難させようと、自動車に乗せて送り出した瞬間に、津波がどっと押し寄せて、自動車もろとも、娘2人は高波の中に呑まれてしまった。見送った父は、それをわずかに離れたところから見ていたが、どうすることも出来なかったという。また、ある母親は、幼児を抱えて走っている途中で波に足をとられ、倒れた瞬間に幼児が手から離れて波に浚われてしまった。その母親が泣きながら愛児を求めて歩きまわっていた。惨いのは、泥にまみれた死骸をようやく見つけて、そのまま何のお浄めもできずに土葬にしていることだ。しかも葬る人は涙もなく言葉もない。それがかえって悲惨である。

大船渡町（現大船渡市）　救援に軍艦までが出動……

　大船渡には、午前6時頃、早くも近隣の町村から消防士が来援し、見舞い人も数多い。また、当日の正午頃には館山、霞ヶ浦などから飛行機や飛行艇などが飛来して被災情況を視察、同、夜の12時頃には盛岡騎兵第23連隊の将士がトラックに被服などを満載して来援した。また翌日午後7時頃には、横須賀鎮守府第1駆逐艦隊の野風、神風、春風の3艦が、小林海軍大佐を司令官として、被服、食料などを満載して入港し、罹災者に寄贈した。26日には駆逐艦雷も来港した。

津波再来の流言飛語……

　大船渡町では、津波の直後に「午後8時に津波が来る」とか「午前1時に再来する」とかの流言飛語が飛び交い、戦々恐々たる状態があった。これは同町だけでなく三陸一帯のあちこちで、しかも1年後ぐらいまでつづいた。

綾里村（現大船渡市）　困難をきわめる死体の発掘……

惨害、最も甚だしいのは港と白浜である。港は118戸中、高台の2戸を除いてすべてを流失、倒壊。死者も89人の多数を数えて、その発掘作業がつづいている。白浜も高台の5戸を残すのみでこれまたすべて流失し、死者は66人。海岸は松林なども折れてその惨状は目もあてられない。明治の海嘯供養碑なども百間余りの高所まで飛ばされ、また海底にあった4、5千貫もあると思われる巨石が陸上に打ち揚げられるなど、如何に狂瀾怒濤が猛威をふるったか、察するに余りある。漁船と同様、同村にとっての唯一の交通手段である巡航船・綾里丸も流失して救援物資の供給なども困難をきわめている。

フトンが足りず、食事も2食……
　片岡鉄兵の小説『綾里村快挙録』で知られる綾里村は沿岸250戸が津波に総なめにされているが、5日現在、いまだに救援の手がのびず、罹災者はフトンが足りないので米を入れる袋の中に入って体をあたためている。食料も1日2食という悲惨な状態でいる。

吉浜村（前同）　危険を顧みず避難を勧告……
　同村は、明治の津波後、道路と一部の民家を高所に移転したために被害は他の町村と比べて少なかった。横石の荒谷岩吉氏は地震が余りにも激しいので津波が来はしまいかと不安に思い外に出て海岸の様子を見ていると、急に潮が引き始めた。びっくりして津波だ！　と大声で付近の人々に警告し避難させたが、まだ残っている者がありはしまいかと懸念し、見まわっているうちに、物凄い海鳴りとともに大波が押し寄せて来て浚われてしまった。散々、波に翻弄されたあげく、重症を負って山の手の丘に打ち揚げられ、辛くも一命を得たが、身に迫る危険を顧みず地域の人たちの避難に奔走した犠牲的行動に人々は等しく感動したという。

唐丹村（現釜石市）　地域人口の半数以上が溺死……
　本郷は気仙郡中、最も惨憺たる被災地で、海岸一帯を見渡すと家財の破片や木材が散乱して90戸余りの集落は見る影もない。佐久間市蔵、北村三内の両

津波石と津波カレイ

　津波のとき打ち上げられた「津波石」というのがある。岩手県田野畑村の羅賀地区では、海辺から 360 m の奥地にある海抜 24 m の畑に、推定 20 トンの大石が座っているし、大船渡市の赤崎町外口海岸の、岸から 66 m の山の中にも 13 トンの大石が横たわっている。ともに明治三陸津波の際に、羅賀では波高 29 m、外口では 18 m の津波によって打ち揚げられたもの。海底地震に生き写しの形で発生し、海の底からヘドロを捲き上げながら走って来た津波が押し上げた津波の物凄いエネルギーを示す物証のようなものである。

　こんな調子だから魚なども、ひとたまりもない。昭和 8（1933）年の津波のとき、私の家の近くの麦畑の畝の間で、やはり魚がパタパタしていたのを思いだす。同様、釜石の両石地区老人クラブによる『津波体験談集』の中で、阿部カヨさんが話している。朝、津波で浸水した家に行って「仏壇の下の砂を取ったら、その中に生きたままのカレイが 2 匹入っていたので、みんな驚くばかりでした」。カレイは、ふだん、砂から目玉だけを出して海の底にへばりついている魚だが、その砂ごと打ち揚げられたのであろう。恐ろしい破壊力であって、やはり、人間「逃げるに如かず」ということになる。

氏は強震後の異常な引き潮で津波襲来の兆候と知り、地域を駆けまわって、逃げろ！　津波だ！　と避難を促した。その後、自分たちも逃げようとしたが、時、既に遅く、ついに2人とも犠牲になってしまった。人々は、やや高い所にある社（あんば様）に通じる幅2尺余りの小路を駆け上がっていたが、その先に立っていたある人が躓いて倒れてしまったために、深夜のことでもあり、みんなが折り重なるようにして倒れてしまった。そこに大波が襲来して、この混乱中の群衆を一挙に浚って行った。地域の奥にある桐畑の辺に避難した多数の人たちも、これまた波に浚われてしまった。そのため、小集落にも関わらず、溺死者は300余を数え、地域人口の半数以上にも及んでいる。

　罹災者に父と仰がれた柴医師⋯⋯

　医師で前県会議員の柴琢治氏は、明治の津波の際、罹災傷病者の救援に貢献し表彰された人だが、今回の津波の際も、罹災者の身を案じて、すぐさま小白浜の巡察に出かけた。たまたま磯崎六之丞さんの妻タカさんが、孫ウタ子（8歳）さんをおぶったまま瀕死の重傷で倒れているのを発見して応急の手当てを施した。タカさんは、その甲斐もなく死亡したが、危うく凍死しかかっていたウタ子さんは、敏速な手当てによって生命を取り止めた。更に、看護婦を率いて最も被害の甚だしい本郷に急行した。本郷は死者、重傷者が算を乱して倒れ伏し、実に惨憺たる光景であった。氏はかいがいしく重傷者に対して手当てを施したうえ、これを自分の主宰する小白浜診療所に収容し、両川重吉、鈴木フヨ、大向フミ、平松マツさんらの所員もまた寝食を忘れて治療に従い、多くの生命を救った。その後、氏は村民の切望により、繁忙の老躯をおして唐丹村村長に就任し、廃墟と化した同村の復旧に献身した。

釜石町（現釜石市）　火責め、水攻めの酸鼻⋯⋯

　地震とともに3カ所から出火、目抜き通りには銀行や税務出張所などがあって大混乱したが、夜明け頃になってようやく火の勢いが衰え、約200戸を全焼して午前8時頃に鎮火した。3日、午前2時35分頃、突然激しい上下動したとみる間に、沖合の海面に稲妻のような怪しい光がして物凄い海鳴りが始まっ

火災の発生により火攻め水攻めに遭った釜石町（現市）〔『岩手県昭和震災誌』〕

た。あっという間もなく海水が急に退き去り、人々が津波だ逃げろ！　と叫びだしたときには、海が小山のように盛り上がり、漁船や海辺の民家を薙ぎ倒したもので、津波で苦しい体験のある地元民も、突然のことでなすすべがなかった。倒壊家屋が多いために救護にすこぶる困難している。海にはひとたまりもなく破壊された数百の漁船や浚われた家屋が浮遊し、その間に遭難死体が漂っているらしい。付近の海岸一帯に流失家屋や船が打ち寄せられ、酸鼻をきわめている。

危急を告げた交換嬢たちの大活躍……

　大槌郵便局の電話交換手の佐藤ヒメさん（22歳）は、当夜、当番で交換台に立っていた。突然、夜半の静粛を破って揺れだした強震に緊張して耳を欹（そばだ）てて外の気配に注意していると、前の往来を、津波だ！　津波だ！　と叫びながら駆けて通る人があった。はっとして漁業組合を呼び出して聞いてみたが、何でもないという。さらに自警団に聞いても、やはり嘘だろうとの返事である。しかし、表通りからは、やはり絶叫が聞こえてくる。津波は本当だろうか？　もし、早まって誤った警報をしたら、この深夜に多くの人々へ

迷惑をかけることになる……しばらく惑うたが、いや、何千という人々のためである。万一、誤ったら罪を自分の一身に負えばいいのだと、ヒメさんは決心して、休息中であった同僚の三浦マヨ（23歳）と協力して、まず釜石局と山田局へ津波の恐れがあることを警告し、更に、声の限り、腕の限りと、管内の電話加入者に危急を報じた。間もなく津波が押し寄せて来たので、また釜石と山田の両局に連絡したが、もう電線が切断されて通話ができなかった。しかし、釜石、山田の両局は、初めの警告で、それぞれ管内に周知し、予め避難の用意をさせた。もし、ヒメさんが果断を欠いて機敏な措置をとらなかったら、おそらく3町、数千の人々が避難の機会を失って悲惨な状況に至るのを免れなかったろう（『岩手県昭和震災誌』）。

釜石郵便局の電話交換手……
宮館俊子さん（23歳）、佐藤ユキさん（21歳）鎌山ハル子さん（19歳）、佐藤ミワさん（18歳）、叶井タカさん（17歳）伊藤ヒサノさん（16歳）の6人は、大槌郵便局から津波の警告を受けるや、直ちに管内の加入者に通知し、そのうち、階下の事務室が浸水して危険な状態となったが、一致協力して避難の警告や通信のために献身した（前同）。

山田郵便局の交換手……
沼崎ツイさん（21歳）、内館アキさん（20歳）、湊チヤさん（19歳）の3人は、大槌局からの電話を受けて暫く警戒していたが、いっこうにその様子がないので念のために大槌局に問い合わせると音波にのって津波だ！　津波だ！　という声がかすかに聞こえてきた。3人はすぐさま100余の電話加入者に対して『津波が来るから避難するように』と警告したので、町民は時を移さず龍昌寺、小学校、小倉山、八幡神社などの高所へ避難した。同町が流失全壊306戸という激甚な被害にも関わらず死者7人に止まったのは、全く交換手たちの機敏なはたらきによるものであった。なお沼崎さんの兄である海産物商・熊太郎氏は、中風症の父をおぶって山の手への避難の途中、津波に襲われて親子もろとも死亡し、家も流されてしまった。ツイさんは、

この悲しみと嘆きの中にも職場を守り、町民のために奮闘した（前同）。
（注＝以上、大槌局‥釜石局‥山田局の電話連絡による避難が可能になったのは、当人たちの津波防災意識のほか、48頁の表3で見るように、地震から津波が到着するまでの時間が、大槌＝24分、釜石＝27分、山田＝64分と、それぞれ間隔があったことも幸いしたと考える）。

山田町（現同） ものをいった明治の津波体験……

「川向区境崎は300余戸がひと波で浚われ、跡には土台石がずらりと残されているだけだ。その割に死傷者が少ないのは、明治29年の惨事と津波体験で「欲張りは命をとられる」という、津波に対する心構えから、みんな裸で逃げたお陰らしい」。

田老村（現宮古市） 死体ごろごろでこの世の地獄を現出……

明治29年大津波の惨状をそのまま現出し、字田老で残ったのはわずかに小学校とお寺と役場ぐらい。火災に遇った戸数も40戸ほどあり、釜石と同様、水攻め火責めの惨害で死者数百、摂待、樫内、小湊などを合わせて田老村の死者は900にものぼる模様である。残った半分の人たちは、食べるものも灯火もなく、死体は各所にごろごろしており、さながら、この世の地獄を現出している。

全村、荒涼たる砂浜と化す……

「記者の乗った発動機船が田老村の本村崎を横切るとき、民家が1戸、屋根を載せたまま浮かんでいた。板の破片などはもう見飽きたわれわれの目に映じた田老村は修羅場のようであった。砂州を迂回して田老川の川口に着いたとき、船の人が異口同音に、おや、おや？　といった。視線の方向には砂原が広々と10数町も展開しているではないか。『なんにもねぇ』と、突然、男の泣き声が船の客の中から起こってきた。驚くなかれ、田老村は、そっくり波に持って行かれて、原始の砂浜と化していたのである。人家は勿論、土台石一つ見当たらない。砂の中から、真っ青な男の手がにょきっと、手を立てたように出ている。目抜きの所も木片一つ残らず、田老館、漁業組合、本

間旅館など跡形もない。妙なことにこの村の集落は海面よりずっと低いために、どしゃんと来た大津波のために、東西16町、南北一里の村一円を湖水の底に埋め、一切を沖に持ち去られたもので、このうち高見の40戸は燃えながら浚われたと生存者が語っていた。水の退いた後は砂が水を吸って、普通の砂原と化した。道路は勿論、全部が消え、裏山に右から役場、清延山寺、小学校の順に、ぽつりと残っている。役場の手前一町ほどの所に、死体が100以上も折り重なって集められている。半焼のものや胴だけの死体は大抵、寝巻姿だ。人夫が数十名、忙しく死体を運搬している辺りで、妻を求め、子を求めて放心したように歩いている人もいる。中年の漁師が人だかりの中で号泣している。傍の者に聞くと『お前さんとこの子どもだよ』といっても、

一夜にして廃墟と化した岩手県田老村（現宮古市）（下）
（上）は流出前〔同町『地域ガイド』〕

嘘だろうといってきかないから、死体の砂を洗ってやったら、あっ、俺の子だ！　と泣きだしたのだという。山際には10数戸の人家が無残な半壊の姿で押し上げられていた。消防の組頭で村の助役をしていた牧野与惣治さんの家では、孫のアイさん（12歳）一人を残して8人全部死亡。また、呉服商のかめ屋では、病気の姉を救わんとして姉妹6人が溺死、お婆さん一人が残された。別けても哀れなのは、母親が幼児をひしと抱きしめて死んでいるのや、あるいは子どもをすっぽりと波に抜きとられても抱きしめたままの格好で死んでいる母親の姿だ」（4日『東京朝日新聞』奥原特派員）。

小本村（現岩泉町）田野畑村（現同）譜代村（現同）
　　孤立して救援の手ものびず……

　この3村は、背後は山に迫られ、前は海に面して、内陸との交通が全く絶たれ、わずかに海路を結ぶ漁船によって、他の地方と交通していたが、その漁船が1隻も残らず津波に奪われた。この地方の罹災者は全く袋の中と同様で、救援の手も伸びずに親戚に身を寄せている。命の綱である船を流失したので、この先どうして暮らして行くかみんな途方にくれている。3村に於ける死者は370人余の多きに及んでいるが、発見されたのは、その半分にも達せず、波打ちぎわに死体が揚がるごとに、罹災家族がわっと集まり気狂いのように人垣をつくって身内の者か否かを探すさまは、とても正視できない。死体を葬るにも柩があるわけでなく、子どもの遺骸などは、あり合わせのみかん箱に入れられている。

種市村（現洋野町）　一度は避難したのに油断して……

　「地震の後、津波が来ると騒ぎだし、ほとんど全部の人が山の手に避難した。ところが地震も静まり波も穏やかなので、もう、大丈夫だろうと家に帰ってしまった者がだいぶあった。この人たちが津波に浚われた。油断したのだ。津波だという声に驚いて避難しようとした人たちも波に追い越されて悲惨な結果になった」（八木に来ていて九死に一生をえた、岩手県の土木技師・遠藤昌）談。

岩手県への義援金と救援物資……

　罹災者の窮状が報道されるに及んで、内外の同情が集まり、岩手県で受理した義援金の総額は140万円余にも達した。また、救援物資も数多く、東京など、県外からの寄贈物品が殺到するに及んで、県では、3月5日、一関町（現市）に配給支所を設置して配給の敏速を図った。

県外からの義援物品一覧……

　米432表、味噌1,829貫、醤油1,394樽、漬物689樽、その他の食料品1,559梱、布団358梱、毛布154梱、衣類3998梱、その他の被服品366梱、学用品185梱、衛生材料及び薬品216梱、慰問袋3,031梱、雑品3,475梱、等々（『岩手県昭和震災誌』）。

　これらの救援物資は、寒空の下で「食うに食なく、着るにも衣類なく」という状態にあった罹災民を救ったばかりでなく、甘い沢庵漬、衣料、学用品、慰問袋など、三陸地方の住民にとって、味わったことも目にしたこともない珍しい品々もあって、救援物資が都会の文化を運んできたと、後々まで語り種になった。

第3章　昭和のチリ津波

遙々と地球の裏側から音もなく

　昭和三陸津波の27年後、即ち、太平洋戦争後の昭和35（1960）年5月24日の早朝、南米チリ沖から、はるばると1万7000km余を、平均秒速ほぼ210mのスピードで走って来て、突如、わが三陸海岸をはじめ日本列島の全太平洋岸に襲いかかった、いわゆるチリ津波の体験は、まだ、多くの大人たちの脳裏に焼きついている。そのため「津波」といえば、すぐチリ津波の話になる人も少なくないが、この津波は、これまでの三陸津波とは、すこぶる様相の異なった津波であった。

　まず、全く事前の地震を体感しなった。そのため「音もなくやって来た津波」などともいわれ、大船渡市の赤崎町にある「地震があったら津波の用心……」という昭和の津波の記念碑が批判の的になり「嘘つき呼ばわり」されたりもした。が、別に、記念碑が嘘をついたわけではない。震源が遠く離れた地球の裏側だったために、こちらが地震を感じなかっただけのことで、地震の規模を示すマグニチュード（M）は8.5とも9.5ともいわれる史上最大級の巨大地震による津波であった。なにしろ、震源域は長さ800km、幅100kmと、例えていえば、東北地方がすっぽり入るくらいの広さの地殻変動であったから、地震も巨大であれば、それによって発生した津波も、超特大の大津波であった。

　地元のモチャという島など、25mの高さの津波によって1700人が溺死あるいは行方不明になったが、津波には国境も領海もないから、そのまま太平洋岸を西北に進んで、途中ハワイ島のヒロ市などを襲って、ここでも61人もの命を奪い、さらに西へ西へと進んで地震から22時間後には日本の太

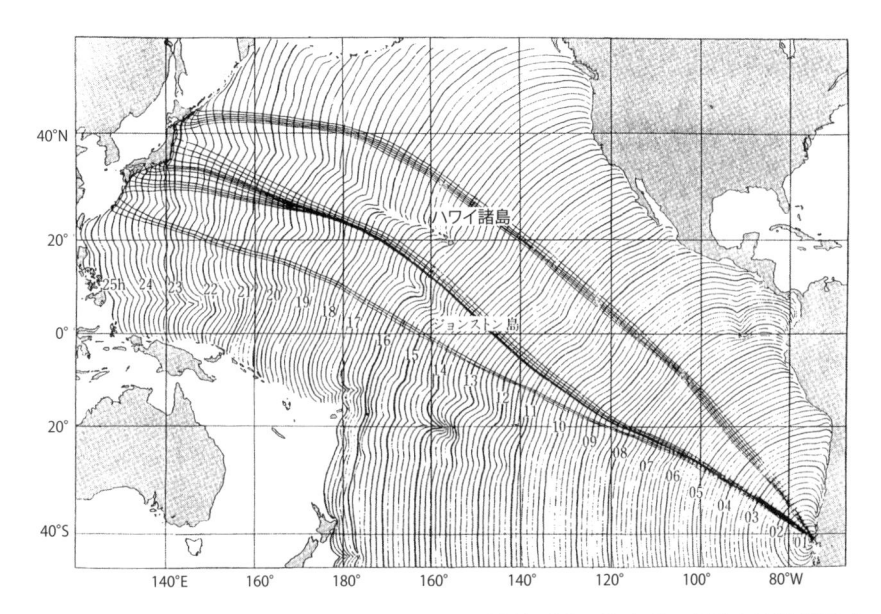

1960年チリ津波の、日本沿岸への襲来波面と波線〔渡辺偉夫『日本被害津波総覧』〕

平洋岸に到着するという、まるでジェット機並のスピードであった。
　そのため、全国で142人の命を奪われたが、中、大船渡市など岩手県が62人、志津川町など宮城県が54人と、この度も、三陸海岸が最大の被災地になった。
　実は、この津波に関しては、1952年11月4日、カムチャツカ半島の先端付近で発生した地震（M = 8.2）津波と関連する津波エネルギーの射出方向についての考察と研究から、津波の専門家である三好寿氏（東京水産大学物理学教室）によって「チリで生じた津波が、日本近海で警戒すべきである」という注意が喚起されていた。現実のチリ津波に先立つことわずかに5年前のことで、気象庁の会議室での講演の際にも同様のことが、三好氏によって指摘されていたという。そればかりではなかった。当日も、気象庁は、ハワイからの電報によって、数時間前には、目下、チリ津波がハワイで猛威を奮っていることを知っていた。けれども、これまでの経験主義から、よもや日本には到達しまい、来たとしてもたいしたことがあるまいと、高をくくっ

岩手県陸前高田市の気仙川を遡るチリ津波〔『大船渡災害誌』〕

ていた。当時、気象庁に勤務していた人の話によると、後で問題になってから探してみたら、問題の電報そのものも、誰かの机の上に置かれままで、大切に取り扱われていなかったという。ところが実際には、わが国の太平洋岸の北から南まで、寝込みを襲うような形でどんどん津波が到着し始めていた。検潮儀の記録による第1波の到着はつぎの通りになる。

　伊豆の大島　　　午前2時25分
　北海道の浦河　　同、2時30分
　宮古　　　　　　同、2時47分
　釜石　　　　　　同、2時49分

　そして大船渡では、目測だが、午前3時10分頃、四国の高知県須崎港では午前3時40分頃に第1波の到着となった。

　これに対して気象庁の対応を見ると、札幌管区気象台が「ツナミノオソレ」の予報を出したのは24日の午前5時00分、仙台管区気象台が「ヨワイツナミ」の予報を出したのは同、5時15分、つぎが直接気象庁によるもので、「23日午前4時頃、チリ中部海岸におきた地震により、日本の太平洋岸で

チリ津波襲来中の岩手県大船渡市〔『大船渡災害誌』〕

は弱い津波があります。なお、北海道および三陸沿岸では津波の勢力が集まる関係で、相当な津波になるおそれがあります」

と、いうもので、午前5時20分の発表であった。
「相当な津波になるおそれ」というが、この頃になると、もう大船渡市（岩手県）や志津川町（宮城県・元南三陸町）などでは、実際に、5m前後の大津波（第2波）に襲われ、全くの寝耳に水で、惨憺たる状態になっていた。

　気象庁は、後でこそ「このこと（ハワイからの電報）が十分に活用されず予報のおくれたことは、関係者一同の知識の足りなかったことと経験が足りなかったために、津波強度を過少に推定したことによるもの」とし、「誠に遺憾に堪えない」と謝罪の意を表明したが、当初は「前例がない」とか「気象官署津波業務規定による業務以外のこと」「技術の限界」などと弁解に終始して、なかなかこの大失態を認めようとしなかった。前記の三好寿氏が、自分が行った「注意の喚起」も「まったくのむだに終わった」と嘆いたばかりでなく「ハワイからの打電は、津波が日本に到着する数時間前であったから、ハワイでの被害のひどさから判断して200人近い人命のすべてと、かなりの財産が救えるはずだったのに」と、残念がったのも無理のないことで

チリ津波・凄まじい勢いの引き潮〔『大船渡災害誌』〕

あった。今日なら、防災担当大臣や気象庁長官の進退にも関わる、明らかな油断であり大失態であった。「津波情報」の扱い方、受け止め方についての、貴重な歴史的な教訓だったともいえる。

三陸津波とは異なった幾つかの様相

　この津波は、津波の押し寄せ方も、これまでの三陸津波とは様相が異なっていた。
　昭和三陸津波のときの引き潮は、あっという間のことで、たちまち押し波に変わったが、チリ津波は延々と1時間近くも、あるいは、それ以上もの長時間にわたって引き潮がつづいた。波が押し寄せて来るときも、これまでの三陸津波のように「狂瀾怒濤一瀉千里」の勢いではなく、むくむくと水面が盛り上がってくるような押し寄せ方であった。
　そのため、オートバイを引きながら逃げたとか、子どもがランドセルを背負って後ろを振り向きながら逃げたなどの写真や体験談も残っている。

また三陸津波は10分からせいぜい15分程度の周期（注）で2波、3波、多くても5波程度で終わったが、チリ津波の周期は40分ほど、あるいはそれ以上と長く、早朝から夕方まで、延々と引いたり押したりを繰り返した。だから、潮が引いている間に、泳げないでパタパタしている魚を捕りに行ったとか、鮑を獲ったなどという、防災教育上、まことに宜しくない話が伝わっており、その光景を撮った写真も残っている。こんな話を聞いたり写真を見たりして、津波とはこの程度のものかと高をくくるなら、とんでもないことであり、そういうことにならないよう、とくに、戒めるべきである。
（注＝昭和三陸津波は、宮古の場合で、第1波3時12分、第2波3時23分で、この間11分。第3波は3時35分でこの間12分、第4波は3時45分でこの間10分）。

　さらに、これまでの三陸津波では、外洋に向かって口を開いたV字形の湾（ラッパ形の湾ともいう）、つぎにはU字形の湾で波が高かった。主として、湾の間口から浸入して来た津波のエネルギーがVやUの底辺に当たる湾奥の狭い部分に、前後左右から圧縮されて高くなるためである。だが、チリ津波の場合は、これとは全く逆で、従来の三陸津波で比較的被害の軽少だった大船渡湾のような湾の湾奥で波が高く、被害が大きかった。そのため大船渡は死者53人と、全国最大の被災地になった。

　学説的には「セイシュ」（静振）といわれているが、湾や湖には、その形と大きさなどによる定常振動というものがある。大船渡湾の場合は、三陸海岸の他の湾における周期、例えば綾里湾の15分周期などと比べて、その周期が約40分と比較的長く、これまでの三陸津波のような短周期の津波では、湾内、取り分け湾奥の方の波はあまり動かなかった。しかし、チリ沖から押し寄せて来た、同じように周期の長い（40分）津波によってこれが刺激誘発され、発達して波が大きくなったものとされている。

　地球の裏側からの津波とは意外であり、迷惑でもあったが、実は、明治の三陸津波をはじめ、日本の太平洋岸が発生したこちらの大津波も、その都度アメリカ大陸の太平洋岸に押し寄せている。だから、これは「お互い様」ということであり、宮城県南三陸町志津川の松原公園には、チリ津波の30周

年を記念してチリ共和国から友好のしるしとして贈られてきたモアイ像とコンドルの碑というのが建っている。

　記録によると、史上、チリからの津波は9回、ペルーからの津波も6回、日本の太平洋岸に押し寄せている（渡辺偉夫『日本被害津波総覧』東大出版会）。しかし、1877（明治10）年のチリ津波の際、釜石で3mの波高を記録し、千葉県の房総半島で死者を含む被害があったとは記録されているが、1960（昭和35）年のチリ津波のような大被害になったのは記録されている限り初めてのことであった。

　今、三陸海岸では、近く、高い確率で襲来の予想されている宮城県沖地震に関連する津波対策が焦眉の課題になっているが、チリ津波などの遠地津波も視野においた対策を忘れないようにすべきである。

被災余聞（『三陸津波誌』より）

夢破られたサイレンの音……　　　　　　　　　　大船渡市・金野　徹

　けたたましいサイレンの音で目を覚ましたのは、確か午前4時10分だった。てっきり火事だろうと思って寝巻のままむっくり起きて、任地である学校のほうの空を見る。が、火事の気配は何処にもない。そのうち、見ると海岸の方に人が走って行く。何か事件でもあったのかと思っていると、今度は消防自動車が、マイクで「津波が来るぞ！　物凄く潮が引いている、津波が来るぞ！　高い所に逃げろ！　と叫んでいる。何？　津波だと。地震もないのに津波など来るものかと思って海を見ると、海もいっこう水の動くような様子がなく、全く、平穏そのものである。後で人に聞くと退き潮は物凄く、かなり遠くまで海の底が見えたのだそうだが、私の家からは余所の家の屋根ごしに湾の中央部が見えるだけなのである。ま、かりに津波でもたいしたことあるまい。地震がないのだから。何れ大潮の類だろうぐらいに思って眺めていた。消防自動車は相変わらず津波だ逃げろ！　高い所に逃げろ！　を繰り返している。何を騒ぐのだろう？　と、口に出かかるような気持ちで見て

福島県小名浜港（いわき市）の引き潮の状況〔チリ津波調査報告〕

いると、やがて、なるほど海の水が高くなって来たようだ。それでもなお、はは、やっぱり大潮だ（津波ではない）と思っていると、向こうの親戚の家がだんだん水の中に沈んで行く。おや、これはかなりの大潮だぞと思ったが、未だに津波だとは考えない。サイレンはひっきりなしに鳴っている。そのうち、今度は小学校の庭に、大川のように海の水が入りはじめた。牡蠣（かき）の養殖用の浮きや樽や板片、海岸のゴミなどが流され、いっしょに突っ走って来る。このとき私は、はじめて、これは物凄い津波だと思った。そして、地震がなくても津波が来るものか、いやそういえば、確か昨日地震があったはずだ、など、咄嗟の場合、いろいろのことが頭をかすめた。（中略）大船渡地区の死者の多かったことは痛ましい限りである。それにつけても昭和八年の津波記念碑は罪なことをしたものである。「地震があったら津波の用心、津波が来たら高い所へ」。これは書き直す必要があるのではないか。地震がなくても津波は来たのである。いや、地震は確かに前の日にあった。とすると碑文に罪はないわけか？（小学校長・要約）

アメリカかソ連の原爆実験か？……　　　　大船渡市・鳥沢雷治

　ドンドン、ドンドン。外のガラスが割れるように叩かれる。目を覚ました私は、何だ！　専務さん、海に水が無くなりました。工場長の声である。それは津波だ！　すぐみんなを避難させろ。そういって私も岸壁に走った。時計を見ると4時10分だった。潮は4mの護岸をすっかり引いて、それより50cmも低くなっている。この潮は何時から引き始めているかと夜警に聞くと3時40分頃だという。私ははじめこれは、アメリカかソビエトが原爆か水爆かの実験を太平洋の日本の近い所でやったのだと思った。お昼頃になって事態がほぼ分かってきた。が、それにしても地震のない津波というのが、とても不可解でたまらなかった。また、大船渡の我々のいる辺りは、昭和8年の津波のときは1mも水が来なかったし、その後かなりの土盛りをして護岸工事もやっている。だから、ここは津波の被害はないと安心していたし、他人にもそう話していた。ところが5m以上もの大津波になった。反対に、昭和の津波であれほど大きな被害を受けた綾里などは全く被害がないなど、理解しにくいことばかりであった。（水産会社役員・要約）

第4章　津波体験の「忘」と「不忘」

「忘れんとしても忘れ難き日」の現実

　「天災は忘れた頃にやって来る」という寺田寅彦博士の戒めの言葉は、今は、小学生でも知っているほど有名だが、寺田とは同学の先輩であり、この著作にも度々登場して頂いた今村明恒博士は、このことに関してつぎのような名言を残している。
　「不忘の一点だけで天災を免れる場合は頗る多いが、反対に「忘」の一字の為に、免れ得べき天災を免れ得なかった実例もまた少なくない」
　博士は、その実例として、明治の津波で壊滅的な被害を受けながら、結局、元の同じ屋敷に家を再興して、昭和の津波で再び壊滅的な打撃を被った岩手県の田老村や唐丹村の事例を上げ、「忘」の一字のために、本来は免れ得べき天災を免れ得なかった歴史的な事例の第1として上げている。
　そもそも津波は、津波と津波の間隔、すなわち災害間隔が、他の自然災害に比して、たいへん長いという特徴をもっている。この三陸海岸も同じことで、「津波常習海岸」だの「悲劇的津波海岸」だのといわれている割には、そう頻繁に津波に襲われているわけでない。死者、百、千、万を数える大津波になると尚更のことで、例えば死者百人以上を数えたもっとも最近の津波といえば1960（昭和35）年のチリ津波だが、以後、約半世紀、小津波は何度かあったが、幸いなことに人命を奪われるような津波は、三陸にはまだ一度も来ていない。だがしかし。津波が暫く来なかったという幸いの反面では、その間に、体験した津波の記憶が次第に薄れ、風化していくという問題が出てくる。
　こういう事態を予想していたかの如く、明治の津波後に建立した「海嘯記

危機一髪、親子相離れるの図〔竹内桂舟〕

念碑」の多くは、この大惨事をけっして忘れないようにと教え諭す記述に始まっている。
「明治29年6月15日という日は実に悲しく痛ましく、**忘れんとしても忘れ難き日となりぬ。この日は旧暦の菖蒲の節句に当たればとて………**」（岩手県大船渡市洞雲寺門前の「大海嘯記念碑」）
「明治29年6月15日午後8時半頃、**千載記憶を消す能わざるの大惨事、三陸沿岸の大海嘯は………**」（大船渡市綾里地区長林寺内、村上己之作家の記念碑）

　実際、津波の直後には、この大惨事を忘れるなど、思いもよらないことであった。

今村明恒博士と三陸海岸
（1870-1948）

　東京帝国大学理学部の助教授時代に関東大震災を予言し、これを「浮説」とする教授の大森房吉博士と地震学史に残る「今村・大森論争」を展開して世間と学界の非難をあびるが、18年後にその予言が的中して一躍、脚光をあびるなど、地震学の草創期から戦後にかけての生涯を「防災地震学」のために献身した国民的な地震学者であった。三陸海岸とも縁の深い学者で、明治三陸津波後の、津波のメカニズムを解明するための踏査旅行を初めとして、昭和の津波後には、岩手県の復興アドバイザーとして都合、5度も三陸沿岸の各町村を歴訪している。津波後に行われた、岩手県沿岸約3000戸に及ぶ住宅の高所移転は、内務省と県当局に対する博士の強力な建議によるもの。明治の津波の後、性懲りもなく元屋敷に集落を復興して昭和の津波で再び全滅の悲惨を繰り返した無策は、文明人としての恥辱であり、我々の如き学徒にも責任はあるが、当局の役人や、自衛の道を講じなかった居住者にも責任の一半がある。「三陸海岸は津波常習海岸」だといって、永続的な津波対策としての高所移転の必要を説き聞かせ、実現させた。伝記に、山下文男著『君子未然に防ぐー地震予知の先駆者今村明恒の生涯』（東北大学出版会）など。

当時の新聞が、「天災の恐るべきは何ぞ限らん。震災の恐るべきは、もとより恐るべし。然れども、幾千万の民の生を一時に悉く溺没せしめ、幾千万の財産を一時に悉く無にすることに於いて、津波の恐るべきは、地震の恐るべきよりも恐るべし」（1896・6・18『東京日日新聞』）と書いたほど、被災者ばかりでなく、日本中が三陸津波の報に接しておののくような世相になった。だから、津波の後、田老村や唐丹村などで村の有力者が、本来は罹災者に分配すべき義援金を、高所移転の資金に充てることを被災者の提案しても、当初は津波の恐怖におののいているから異存を唱える者など誰もいなかった。ところが津波から2年、3年と経つと、貧しさもあって当然のことながら義援金の目的をいい立てて異存を唱える者が出てくる。津波の直後にあった津波への恐怖心が、落ちつきを取り戻すとともに、徐々に冷めてきたからである。考えてみると、こんな大津波など、そう度々あることでもないだろう。生業である漁業の不便もある。こうして、高所移転を推進していた有力者にしてみると、ついには衆寡敵せずになり、高所移転事業は挫折を余儀なくされる。今村博士のいうところの「忘」の一字のためであった。そして37年後、再び、根こそぎ、津波に持って行かれたうえ、痛ましくも多くの命を失って、悔やみ切れない事態になった。

　以来、100年余。今では、その6月15日がきても、旧の5月5日がきて節句の祝いはしても、この日が、先祖の命を奪い、全ての家財を烏有に帰した明治の津波の日であることに思いをはせ、俗な話ではあるが線香の一本も手向けようかという子孫はほとんどいない。万余の命を奪った津波に対する恨みも、恐怖の記憶も、この100年余の間にそれだけ遠くに行ってしまったということである。

「忘」の一途を辿る津波体験

　既に、80年近くも経った昭和8年（1933）の津波の記憶も、その体験者が年ごとに少なくなっていることもあって、風化の一途にある。
　忘れもしない、あの津波の翌年のことだった。

明治三陸津波・大船渡村（現市）の海岸に漂着した家屋と溺死体

　今年もまた3月3日には津波が来るという巫女の御告げがあったとかで、信じた一部の人たちがフトンを持って山に避難する騒ぎがあった。無論、津波は来なかった。
　いや、昔のことばかりではない。1993（平成5）年の北海道南西沖地震の直後にも檜山支庁の一部で、またも津波が来るとの噂が広まって80余人が高台のグランドに避難、役場職員らの説得にも関わらず、戦々恐々としてそのまま夜を明かす騒ぎがあった。いうまでもなく、津波は来なかった。けれども、その避難した人たちは、津波が来なくて良かった、ほっとした、とはいっても、騙されて損をしたなどとはいわなかったし、巫女に対して恨みつらみをいう人もいなかった。津波を体験した直後には、それだけ、津波に対する恐怖心で凝り固まり、神経過敏になっているからだ。
　ところがどうだろう。昭和の三陸津波から約80年、チリ津波からでも半世紀近くが経ってしまうと、巫女さんならぬ天下の気象庁が、然るべき根拠に基づいて発令した注意報や警報であっても、それがたいしたことなくて終わると、ああ津波が来なくて良かった、ほっとしたとはならないで、気象庁に対する不平不満になる。これでは「狼少年」になるなどと、わかったよう

なことを口走る者もいる。「狼少年」というのは、嘘をついて人々を威かすことだが、予報の精度の問題はあるにしても、気象庁は、別に嘘をいっているわけではないのにである。結局、あれこれと理屈をいうが、いつの間にか、津波の怖さを忘れてしまったからにほかならない。

　最近、津波注意報や警報が発令され、避難勧告や避難指示が出ても避難する住民の少ないことが、その都度、問題になっている。根本的にはこうした津波体験の社会的な風化が背景にあるからで、問題の解決は、結局、さまざまな方法でこの風化に歯止めをかける以外にないのである。

　私などには、ついこの間の出来事のように思われるチリ津波の体験にしても、同様、もう風化の度合いを早めている。

　2005年のこと、ある社会団体の主催による「津波体験と合唱に夕べ」という催しが岩手県大船渡市であった。合唱といっても、昭和の三陸津波の際の「慰霊の歌」や「復興の歌」であり、全体としてはたいへん意義のある集会だったようだ。だが、その中で、招かれて「私の津波罹災体験」を講演した人の話の内容が新聞に出ていたが、それによるとこの人は、パソコンを使って、津波が襲来した後の街の写真などを紹介したうえで、津波が地質に与える影響を説明し「津波は海から肥料を運んでくるなどの利点もある。ただ、恐ろしいとだけ思わないで、有効に役立てられることはないかを考えて復興に生かしてほしい」と、提案したとある（2005年7月1日『東海新報』）。勿論のこと、こんなことばかりを話したとは思えないが、それにしても、津波の直後、あるいは5、6年以内のことだったら「津波には利点もある」などと話す人がいるだろうか。多分、チリ津波のことだと思うが、この大船渡では、全国一の被害で53人もの命が奪われ、農地にしても、田植えを目前にした77haもの水田が泥海と化して耕作不能に陥っている。それが40年以上も経つと、もう「津波の利点」などという話になる。これも「忘」の一字の恐ろしさである。

　津波というのは、このように、自然にまかせておけば、どんどん風化してしまう災害なのである。この点では、忘れる暇もないほど年中揺れている地震そのものや、年中行事のような台風災害などとは違っている。そして、い

つか忘れた頃になって必ず大きな付けがまわってきて、天地号泣するような大災害になる。実は、そういう悲しい歴史を繰り返してきたのが津波なのである。

語り継ぎの大切さを教えたインド洋大津波

　幸いにして、1960年（昭和35）年のチリ津波以降、三陸海岸には、人命の失われるような津波が来ていない。だがしかし。他国の事例ながら、冒頭で述べた2005年12月26日のインド洋大津波は、私たちに、津波から如何にして身を守り、地域を守るかについて、改めて考えさせ、伝承の大切さを教えてくれるものとなった。

　インドネシアはわが国と同じように、国土の下に海側からプレート（岩盤）がもぐり込んでいる（スンダ海溝）地震と津波の多発国で、海洋研究開発機構によると1820年から2003年までの間にM＝5以上の地震だけでも、少なくとも92回記録されており、うち、31回は津波を伴っている。近くは15年前の1992年にも、ジャワ島東部のフローレス島付近でM＝6.8の地震による大津波が発生し、2500人余も死亡しているのだが、それらも他所事として忘れ去られていたのか、当初の報道によると、被災者は「津波が押し寄せるとは想像もしていなかった」という（2005年1月9日『朝日新聞』）。国情もあろうが、つまりは津波体験が風化していたからであろう。そんな中でも一部では、先祖からの教えを守って、難を免れたとの、幾つかの事例が報道されている。

　タイのスリン島にいる「モガン」と呼ばれる人たちの間には、「異常な引き潮を見たら山に逃げよ」という先祖からの教えがあったので、引き潮を見た時点で直ぐ山に走り、住居や舟は大きな被害を受けたけれども、島に住んでいた1856人中、逃げ後れて亡くなったのは一人だけだったと伝えている（2005年1月10日前同）。

　更にその後の報道によると（2005年1月19日同）、今回の地震の震源にきわめて近い、インドネシアのシルム島でも、やはり「地震の後で海の水

が引いたら山に逃げろ」とのいい伝えがあったので、300mほどの引き潮を見るや、住民たちは挙って高台に避難し、甚大な津波被害にも関わらず7万8000人の住民の中、死者は7人に止まったと伝えている。

　要するに、津波体験が風化しきっていた地域の人たちと、先祖からのいい伝えを大切にしていた地域の人たちとが、いちばん大切な命の問題で明暗を分けたということである。津波は、いつも引き潮で始まるとは限らないが、それにしても被害体験の伝承、語り継ぎの大切さを示す貴重な事例といえよう。

　ところが、こんなことも報道されている。タイのプーケット島に観光に行っていて津波に遭い、九死に一生を得た東京の女性（41歳）の体験談である。

　現地時間の午前10時、ホテルから海に下がって遊んでいた。そのうち、潮が引いて来て海底のいろいろな生物が現れたのでカニや魚を捕まえたりして夢中になっていた。ところが辺りで大きな声がする。何事かと思って沖のほうを見ると、大波がこっちに向かって来たので、すぐさま上がってホテルに帰り、辛うじて助かったというのである。いずれにしてもこの女性は、「津波の国」から行った観光客であるにもかかわらず、津波防災についての最低限の知識さえ持っていなかったことになる。周知のように、地震があるとテレビの字幕で、ただ今の地震による津波の心配がありませんとか、念のために海岸に近い人は津波に注意してくださいと表示されるようになってから久しいが、多少ともその心得があれば、引き潮の中で遊んでいるなど考えられない。チリ津波のとき、思慮の足りない一部の大人たちがそうしたように、まことに他愛のない、かつ危険なことであって、わが国は、津波防災の先進国だなどという研究者もいるがお恥ずかしい話である。日本でも、真夏の午前10時といえば、神奈川県の湘南海岸など、多いときには60万もの人で海岸が埋めつくされる。この近くにある高田松原海水浴場でさえ1000人以上の人出が珍しくない。そんなときにインド洋津波のような事態になったら一体どうするのだろう。考えるとぞっとする。

津波＝その一瞬が生死を分ける

　私は、この20数年来、津波との闘いは、分、秒を争う時間との勝負であり、如何にして1秒でも早く、しかも速く高い所に避難するか、あるいは避難させるか、要するに機敏な避難こそが、津波対策の究極のテーマであるといいつづけて来た。これに対してある研究者からは「逃げるだけでは能がない」といわれたこともあるが、私にしてみると、子どものときの自分の津波体験もさることながら、津波史を辿ると、必ずといっていいほど、ほんのひと足後れたばかりに命を失うという、悲しい実話が余りにも多いからだ。これからの津波ではそうした悲劇をできるだけなくしたいの一念である。

　そもそも、災害としての津波の特徴を一口でいえば、ひとたび津波に襲われたら、生か死か、即ち生きるか死ぬかの何れかであって、中間、つまり、津波に襲われはしたが、怪我した程度で助かったという事例はごく稀なことである。

　例えば、明治三陸津波での岩手県の死者数は1万8158人であったが、重傷者は602人で、死者数の約30分の1に止まっている。個々の町村でいうと、釜石町は死者3765人、重傷84人でその約50分の1、田老村は死者1867人、重傷22人でその約85分の1、綾里村は死者1269人、重傷24人でその約53分の1になっている。

　昭和の三陸津波の際も同じことで、岩手県の死亡・行方不明数は2713人であったが、重傷者は170人で、その約16分の1、個々の町村でいうと、田老村は死者972人、重傷26人で、その約37分の1、唐丹村は死者359人、重傷17人で、その約21分の1、綾里村は死者181人、重傷6人で、その約30分の1になっている。

　要するに、津波に追いつかれ、捕まったら最期、怪我だけで助かるなどということは、ごく稀なことで、まずは、ほとんど助かる見込みがないことを、この数字は物語っている。それがまた、実にきわどいところで生死を分ける。

　昭和三陸津波のときだが、例えばこんな事例が記録されている。

「唐丹村、小白浜の高山いわさん（43歳・仮名）は津波だとの叫び声とともに3人の子どもの手を引いて一所懸命走ってようやく崖の下まで辿りついた。既に、激浪が凄まじい音とともに背後に迫っていた。いわさんは半狂乱になって子どもたちを一人ずつ抱き上げて崖の上に避難させていたが、3人目を抱き上げようとした刹那、ついに頭から水をかぶってしまった。愛児を死なせてはならない。いわさんは母性愛の一念で、波に翻弄されながらも必死になって努力したが、哀れにも、ついには力がつきて、愛児を頭上、高く差し上げたまま、波の底深く沈んで行ってしまった」（『岩手県昭和震災誌』）。「田野畑村の村長小田喜八氏（54歳）は、強震の後、海鳴りと同時に、暗夜の中で悲痛な叫び声がしたので、あっ津波だ！　と躊躇する家族を叱って避難させ、自分は最後に、年老いた母をおぶい、提灯を持った娘のタマ子さん（20歳）を先にたてて高所へ避難していた。が、その途中、ついに津波に追いつかれて、無残にも3人は波に浚われてしまった。夜が明けて乱暴の跡も痛ましい岸辺に、母をおぶったままの小田村長と父の手をしっかり握ったままのタマ子さんの死体が発見され、これを集い見た村の人々はみな、孝道に殉じた母子の尊い死に対して感動の涙を禁じえなかったという」（前同）。

　右の二つのケースとも、せめて、もう1分、いや30秒でも早かったらと悔やまれてならない。

津波と聞いたら金品より生命

　これらは、絶ちがたい親子の情愛による悲劇だが、物欲のために逃げ後れたり、一度、逃げたのに、お金や物を取りに戻ったりして命を失うケースも少なくなかった。
「船川原（岩手県末崎村）の人たちは、津波という声に老幼をいたわりながら、我がちにと安全な場所に避難していた。その人々の後から20歳ぐらいの娘と、6、7人の若い衆が一団となってつづいていたが、途中、娘はふと立ち止まって若者たちを振り返り「お前たち、お金、持って来たの？　家が流されてもお金さえあれば、と、娘は懐に手を当てて眉をひそめた。若者たちは、

娘のいうことにも一理があると思って、うん、それもそうだな。でもそのうちに津波が来たら……と、ちょっと躊躇っているところへ、どっと津波が押し寄せて来て、娘も若者たちもたちまち波に浚われしまった」(前同)。
「田老村の獣医・村上慶助氏（42歳）は、地震の後、夫人と子どもを伴っていったんは高地に避難したが、海岸のある家に預けてある愛馬のヘジラー号を救い出そうと、人々の引き止めるのを振り切って出かけた。夫人は津波の危険を心配して、引き返させようと、その後を追いかけて行ったが、途中で津波に襲われ、ともに悲惨な死を遂ぐるに至った。ちなみにヘジラー号は、時価6000円と称せられるアラブ産の種馬で、津波で死んだ牛馬のうち、もっとも高価な名馬であったという」(前同)。

　このように、金や物に執着し過ぎて命を失う事例は、三陸津波に限らず、1944（昭和19）年の昭和東南海地震、1946（昭和21）年の昭和南海地震、近くは1993（平成5）年の北海道南西沖地震による津波のときなど、津波の度ごとに繰り返されている。昭和東南海地震のときなど、三重県の尾鷲町では「流亡者〔38人〕の多くは、第1波後に、避難していた高台から下りて家財を持ち出そうとした人々が、更に強かった第2波に浚われたためである」(『尾鷲市史』）というほど、その比率が高かった。
　昭和三陸津波でも、こうした事例が多かったらしく、津波記念碑の碑文の中でそれを戒めている地域が少なくない。

津波が来たら直ぐ逃げろ
金品(もの)より生命(いのち)
　　　　　　　　　　　　　　（陸前高田市気仙町長部の記念碑より）

津波と聞いたら欲捨て逃げろ
地震があったら津波の用心
　　　　　　　　　　　　　　（同・広田町根崎、長洞など記念碑より）

津波と思はばすばやく知らせろ
避難には欲得はなれて皆丘へ

（同・米崎町沼田の記念碑より）

津波と聞いたら欲捨て逃げろ
低いところに住家を建てるな

（同・広田町の記念碑より）

「阿波国宍喰浦（ししくい）」に伝わる「不忘」の教え

　ここに、徳島県の宍喰町（現海陽町）「阿波国宍喰浦」に昔から伝わる『震潮記』という貴重な古書の現代語版がある。その昔の庄屋・田井久衛門という人（1802～1874）が、自分の体験した安政の南海地震津波（1853年＝安政1）をはじめ、宍喰浦を襲った昔の津波についての伝承を含めて記録していたものを、子孫に当たる方が、改めてわかりやすい現代語版に翻訳して出版したものである。

　宝永4年10月4日（1707年10月28日）の震潮（地震津波）。
「大地震の後、大潮が午後二時ごろに矢を射るような速さで押し寄せ、宍喰浦中の家や土蔵は流失した」
「地震が揺ると津波が来るものと思って、老人、小児は早く山へ逃げることである。山が遠い所は、命のほかに宝はないものと思って、何もかもほったらかしにして、山へのぼるよう、そのようなときは、様々な怪しい沙汰があるものであるが、迷ってはならない」
「津波が入る時分一度山へ逃げ、また、大事なものがあるなどといって取りに戻り、このため死んだ人も多かった。命のほかに宝はないのだから、早く山へ逃げることが肝要である」

　嘉永7年11月5日震潮（1853年＝安政南海地震）「日々あらましの記」
「先年の津波の筆記にも、くれぐれも言い残してある通り、よく心が迷い、逃げのくことの遅い者は死亡している。この度も同様の有り様で、命を失う者が少なくなかった。また、山上に逃げのぼった者は命が助かり、舟に乗った者は多分死亡した。山上へ逃げのぼってより、親は子を呼び、子は親を尋

ね、いずれが生死のほども分からず、その哀れなことは、筆にも言葉にも現しようがなかった」
「一足遅れたために波に引かれ、大難を受けた者も少なくない」
「逃げ足の遅い時は必ず命が助かることが難しく、このような時に及んでよく心が迷い、逃げ足の遅い者と舟に乗る者とは多分死亡する」
「（津波は）その急速なことは矢を射るよりも速かった」

　ここで、繰り返し強調されているのは、津波は「矢を射るように」速い。「逃げのくことの遅い者」「逃げ足の遅い時は」は死ぬ。「一度逃げたら、大事なものがあるなどといって取りに戻るな」「命のほかに宝はないものと思って」「迷わず」「何もかもほったらかしにして」早く山へ逃げろ、ということである。
　要するに、今日、私などが機会あるごとにいいつづけていることは、実は、既に300年も前から、津波体験者によって語られて来たことに過ぎなかった。私が、機敏な避難こそが、津波対策の究極のテーマであるというのも同じことで、「逃げるだけでは芸がない」のではなく、**逃げることこそが、津波対策の神髄であり、最高の「芸」である**ことを示している。

社会環境の変化による伝えることの難しさ

　だが、昔からの、こうした災害体験とそれに基づく教訓を、社会的に伝えつづけることには様々な困難がある。社会環境や教育環境の変化にともなう伝えることの難しさや伝える手段の問題などがあるからだ。
　例えば、先般、三陸海岸のある小学校で行った津波避難訓練の際、報道によると、教師が児童に対して高学年の生徒は低学年の生徒の手を引いて逃げるように教えたとある。また、有名なある津波研究会が出版した『よくわかる津波ハンドブック』（東海・東南海・南海地震津波研究会）では、逃げるときは「靴を履いて歩いて逃げましょう」と教えている。ここで手を引いて逃げるというのは、小学校の1、2年生など足取りが覚束ないし、同時に年下の者へのいたわりの気持ちを育む意味があるのだろう。靴を履いて逃げろ

というのは、地震による落下物で怪我をする危険を思いやってのものであろうし、歩いてというのも、危険だから避難に自動車を使わないようにとの意味でいっているものらしい。

　確かに状況によっては、下の児童の手を引いて逃げるのもいいし、靴を履いて逃げるのもいいだろう。出来たらそんな余裕がほしい。だが、それは、あくまでも「情況によっては」のことであり、こうした指示やアドバイスには「津波は矢のように速い」「逃げのくことの遅い者は」死亡するのだという、体験者によって昔から語り継がれてきた津波認識と教訓、即ち、最も肝心なことが欠落しているように思えてならない。いざとなったら、そんな余裕などはないと考えるべきで、小学生などに対しても、本当は、日頃から、それぞれ自力で逃げるように厳しく教え諭し、訓練をしておくことである。この点、一年生といえども過保護は禁物であって、いざというときの本人のためにならない。

　要は、最初から誰かが手を貸すというのではなく、早く逃げることの意味をよく話して聞かせたうえ「津波てんでんこ」で逃げる競争をさせるくらいが実際的である。

　同時に、体の弱い児童の避難をどう手助けするかについては、それはそれとして、普段から、先生の指導の下、みんなで話し合って役割分担なども取り決めておき、それに基づいて訓練しておくべきであって、上の生徒が下の児童の手を引くとか、みんなで手助けするとかは、一般的には育むべき美風であるが、津波の襲来を想定した避難訓練としては不適切といわざるをえない。そういう風にすると、津波のたびに実際に繰り返されている共倒れの危険を伴うからである。冒頭でも述べたが、インド洋大津波が押し寄せる際の凄まじい映像を見ても分かるように、津波が音をたてて後ろから迫って来ている危急の場合など、人の手を引いて逃げたり、靴を履いて歩いて逃げるなどは、実際問題として、困難、乃至は不可能事と考えるべきである。

津波記念碑の役割と今日的な問題

 それにしても、どのような手段、方法で、災害体験を伝えていくのか？三陸海岸でいうと、明治や昭和の津波の体験と教訓を、後々の世まで効果的に伝えていくのか？

 身近な手段でいえば、これまで度々引用して来た、青森県から岩手、宮城にまたがる三陸の海岸線に点在する 200 基以上にも及ぶ、明治と昭和の津波記念碑がある。明治の津波の体験者はいうまでもなく、昭和の津波の体験者も、年々、老齢化して少なくなっている今日、これらの記念碑の役割はたいへん重要であって、これを建立した当時の関係者の先見の明には敬服するばかりである。それぞれの特徴をいえば、明治の津波の記念碑は、災害時の状況と復興についての「官」の立場からの記述が多く、昭和の記念碑は、教訓を、画一的にではなく、創意工夫して多彩に記述していることにあって、双方とも、末永く語り継がれるべき内容に富んでいる。

 ところが、明治の津波記念碑は、建立したのは 100 年余も昔のことであるから、現代人にとっては文字も文章も難解で理解しがたいものが多い。そのうえ記念碑の石材そのものの風化が甚だしく、今では、ただ建っているだけの存在になりつつある。大船渡などでは、1960（昭和 35）年のチリ津波の後で、拓本をとって文章を全て記録しているが、明治と昭和の津波記念碑の全てについて、適当な方法で保存したり建て直したり、あるいは、その碑文を復刻して刊行物化するなどの作業も急がなければならない。大船渡市の綾里地区では消防団の 100 周年の折、明治の津波に関する『村誌』の記録や県の記録を基にして、新たな『明治三陸大津波伝承碑』を建立したが、これも一つの方法であろう。この場合、建立の費用は消防団と住民の浄財によったが、自主性を尊重するなどとの口実で末端の自治体や住民組織に任せるのではなく、災害伝承のための事業として国や県が積極的にのりだし、予算を組んで事業化すべきである。

 政府の中央防災会議の「災害教訓の継承に関する専門調査会」は平成 17（2005）年、その事業の一つとして「1896　明治三陸地震津波報告書」と

ハワイ島、ヒロ市の津波博物館〔鎌田浩毅氏提供〕

いう専門的な文書をとりまとめた。取り上げている問題が多岐にわたり過ぎているきらいもあるが、政府自らが災害伝承のためのこうした取り組みを始めた意義は大であるし、研究者や行政にとって役立つ記述や論説も多い。願わくばこうした取り組みをもっと拡大して、現存する記念碑の保存や復刻などを含む伝承事業に積極的に取り組むよう望むものである。

公立博物館の役割と津波伝承館の実現を

　災害伝承の手段方法の重要な施設の一つとして、国や県、市などの博物館がある。
　ところが、岩手県立博物館などの例でいうと、何処にもあるような、弥生、縄文などの出土品をはじめ、県の成り立ちと一般的な史実、民俗的な展示などばかりで、岩手県史を語る上で必要不可欠なはずの自然災害に関する展示が全く欠落している。例えば、10数万もの人々が餓死した天明の飢饉など、有名な盛岡藩の4大飢饉に関する展示もなければ、近代災害史上、関東大震災につぐ大災害であった明治三陸津波の展示にしても絵が1枚だけ。東

北大凶作と「満州事変」の渦中を襲って来た昭和三陸津波の展示もない。東京の「江戸・東京博物館」には、明暦のいわゆる「振り袖火事」に関する展示もあれば、関東大震災の展示など、地震計まで置いてあるが、大きな違いである。別に、私が災害史の仕事をしているからいうわけではないが、県立博物館のあり方として、これでよいものかどうか、県当局に考えてもらいたいと思っている。

　そもそも、これほど自然災害の多い国なのに、自然災害にテーマを絞った博物館がないというのが、元々、可笑しいといわざるを得ない。とくに津波の場合は、前にも述べたように、災害間隔が長いため、人間が意識的に災害伝承に取り組まなければどんどん風化してしまうことになる。それで私は、国、または県による、津波防災教育の拠点ともなるような『津波伝承館』の設立を提唱している。このままでは分散し霧消しかねない資料などを蒐集し、保存するほか、明治や昭和の津波の情況やその教訓を、パノラマなどによって小学生にも分かるような方法で展示し、地震や津波の体験コーナーなども設ける、等々の構想のもので、地震学者や津波学者は、みんな賛成してくれるが、そのために積極的に政府や県にはたらきかけようという有力者もなく、建設費の問題などもあるとかで、実現の見通しは全くたっていない。既に岩手県からは、私の要望に対して、県としては防災のためにいろいろ力を尽くしており「総合的な施設としての伝承館の実現は現在の財政状況を考えると、極めて厳しい」との平成16（2004）年2月3日付、総務部長名（時沢忠）による回答が来ている。国土交通省の東北地方整備局にも足を運んで局長に「三陸津波伝承館」の「実現のためにご援助、ご高配を賜りたい」と、直接「要請書」を提出したが、この方は「なるほど、なるほど」というだけで、正式には返事もいただけないでいる。

　海外を見ると、アメリカ、ハワイ島のヒロ市には、1996年、明治三陸津波の100周年に当たる年に、私たち日本の津波研究者も資料を提供して開設した公立の『ツナミ博物館』があるし、インド洋大津波で大きな被害を受けたタイ政府は、教訓を末永く伝えようということで、早速、ツナミ博物館の建設にのりだし、全犠牲者の名前を一覧できるようにするほか、津波で流

された船の展示まで考えているとの報道がある。またスリランカ政府も「ツナミ博物館」を造って、津波に呑まれて脱線した列車を「悲劇の記録として」保存する計画だという（2005年12月22日『朝日新聞』）。

　今、岩手県では、競馬による巨額の赤字の穴埋めが問題になっているくらいで「財政状況」というなら、こちらにも金の使い方についていいたいことは山ほどあるが、根本的な問題は、タイやスリランカのように、その必要性を真に認識しているか否かであろう。

　津波防災の先進国といわれている日本では「忘」の一字のために、金がないといい、後進国といわれるタイやスリランカでは、災害体験「不忘」のためにはと、政府が自らが金を出して「ツナミ博物館」の建設にのりだす。問題は、「財政状況」というよりも、災害体験伝承のための熱意の違いにあるように思われてならない。

災害文化に対しても国による照明を

　歴史的な災害体験の伝承の手段、方法に関連して、もう一つ考えてもらいたいのは、災害史に関連する文化財に対しても、国や県による史跡や文化財としての照明を当ててもらいたい、ということである。

　過日私は、岩手県教育委員会を訪ね、大船渡市盛町洞雲寺にある、明治三陸津波の溺死者を弔う大位牌（「丙申大海嘯溺死者諸精霊等」）を、岩手県の有形文化財として指定するよう要請した。この位牌は幅1.45m、高さ2.72mという目を瞠るような大きさのもので、表面には、現在の陸前高田市から釜石市の唐丹町に至る岩手県旧気仙郡の海岸線、12町村における溺死者5648人（『大船渡災害誌』）の御霊が、村別、世帯別に、赤い漆による細かな文字でびっしりと書き記されている。一見するだけで、この大津波による溺死者が如何に多かったかを感じ取れるものになっており、周辺住民や日本の防災関係者だけでなく、海外から見学に訪れる津波研究者も少なくない（p.133 付-1参照）。

　また、これは岩手県というよりも国のほうに要望したいのだが、宮古市田

大船渡市・洞雲寺本堂内の明治三陸津波溺死者の大位牌
周囲の村々の溺死者5600余の名を刻んでいる（『岩手日報』社提供）

老町（旧田老町）の防潮堤についても是非、国の史跡として指定するよう検討してもらいたいと思っている。現在、この種の建造物で国の史跡に指定されているのは、知る限り、和歌山県広川町にある高さ4.5m、全長650mの防潮堤だけで、津波物語の名作『稲むらの火』にも庄屋の「五兵衛」として登場する濱口儀兵衛翁が、村人たちを津波から守ろうとのヒューマンな発想から、私財を投じ、4年もの歳月をかけて建造したものである。

　時代は異なるが、田老町のこの防潮堤は、前にも述べたように、「自分た

ちの町は自分たちで守る」との立場から、旧田老村時代の戦前、元はといえば村の借金で着工したものであり、その後、戦争による空白の時期を挟んではいるが、町、県、国の一体になった努力により、18年もの歳月をへて完成に漕ぎ付けたものである。そして今では、全長2433mまで延び、集落を、すっぽり包み込むようにして津波から町を守る存在になっている。この防潮堤も同様、海外の防災関係者の間でよく知られており、視察に訪れる者も少なくない。

　報道によると、政府の文化審議会は4月20日（2007年）、東京の隅田川にかかる清洲橋、永代橋をはじめ、住宅、学校、幼稚園などの由緒ある建造物の幾つかについて、重要文化財に指定するよう文部科学大臣に答申したとある（『朝日新聞』）。いずれも答申に値する重要なものばかりだろうし、これ自体に異議を差し挟むものではないが、文化財という場合「災害文化」という観点も考慮に入れて発想し、指定を検討してもらいたいと、私は常々思っている。これは何も、津波のことだけをいっているのではない。

　例えば、関東大震災の惨事を忘れないようにと、震災の10周年の折に、いわば「不忘」のために建立した「不意の地震に不断の用意」という文字を刻んだ記念碑が、東京数寄屋橋公園の交番裏にひっそりと建っていることを知る東京人が、今、一体、どれだけいるだろうか？

　元々は、できるだけ多くの人に見てもらうようにと、数寄屋橋脇という、当時の東京でいえば一等地を選んで、今村明恒博士らの震災共同募金会という団体が建立したものだが、開発によって橋が取り壊されると同時に邪魔者扱いされ、ここに移されてきたもので、今では、振り返る人もいないほど忘れられた、いわば、関東大震災の「忘」を示す典型のような存在になっている。東京、直下型の地震の危険が警告されている今、重要文化財とはいわないまでも、これを何らかの形による一つの文化財として指定し、それなりの照明を与えることによって、より多くの東京都民に対して、地震防災への関心を呼び覚ます存在にできないものだろうか。

　大船渡市にある、前記、明治の津波による犠牲者の大位牌や田老町の防潮堤を文化財として、あるいは国の史跡として指定してもらいたいというのも、

「不意の地震に不断の用意」の警句を刻む
東京数寄屋橋公園内の関東大震災記念碑

よくいわれているような骨董趣味的な観点でいっているのではなく、これらに対して国や県による災害文化や史跡としての照明を与えることで、過去の災害に学び、これからの災害に備えようという、今村明恒博士のいうところの「不忘」の立場と観点から要望しているのである。

第5章　津波防災を考える

宿命的な「津波の国」

　2005年6月22日、政府の中央防災会議・専門調査会（溝上恵座長）は、日本海溝と千島海溝周辺で今後起きると予想される地震についての検討結果を発表した。それによると、大規模な津波が発生する一つのケースとして、明治三陸津波と同じ型の地震が想定され、岩手県の宮古市で約22m、大船渡市で約21m等々、最大波高20m級の大津波が襲来する可能性があるという。前々から学者・研究者によっていわれてきたことだが、新聞やテレビが大々的に報道したことから、三陸沿岸ではこれまでにない危機感をもって受け止められている。

　最初の章で詳述したように明治三陸津波は、1896（明治29）年6月15日、旧暦では5月5日、端午の節句の夜8時頃、震度2、3という揺れの小さな地震の後で突如として襲って来た大津波であった。ために、不意打ちを喰った三陸海岸の村々は、多くは湾奥の、海抜、せいぜい1.5mから3～4m程度の低地に集落を形成していたこともあって、ひとたまりもなく打ちのめされ、廃墟と化したばかりでなく、2万2000人もの命を奪われ、地獄絵のような惨状となった。田老村、唐丹村、綾里村など、三陸海岸の村々は、この津波による廃墟から立ち上がって元の人口を回復するのに、その後、約30年の歳月を要している。にもかかわらず。大津波の周期としては非常に短い、わずか37年後の1933（昭和8）年3月3日、またしても大津波（昭和三陸）に襲われ、この度も3000余の命を奪われるたび重なる災難になった。そのため三陸海岸は悲劇的津波海岸だなどといわれるようになり、自分の命は自分で守れという意味の「津波てんでんこ」の言葉や、小さな地震で

も油断をするな「地震があったら津波の用心、津波が来たら高い所へ」などの教えとなった。

　三陸海岸には、明治の大津波の前にも、それより4割がたも波が高かったといわれる1611（慶長16）年の大津波（M＝8.1）の歴史があり、更には、最大9mの大津波が発生して、仙台平野の奥深くにまで波が押し寄せたという、インド洋津波級の巨大津波を思わせる、869（貞観11）年の大津波（M＝8.3）の歴史もある。もっとも、巨大津波の歴史は何も三陸海岸に限ったことでない。

　東海から西の方についていうと、例えば、1707（宝永4）年には、東南海地震と南海地震が同時に起こったと見られている巨大地震（M＝8.6）による大津波で、合わせて約2万以上が死亡しているし、その前にも、1498（明応7）年、南海トラフ沿いで起こった巨大地震（明応地震M＝8.2～8.4）に伴う大津波で、記録によると伊勢の大湊で溺死5000、志摩で溺死1万、静岡の志太郡でも流死2万6000人、合わせて4万5000人以上が死亡している。その他、石垣島をひと呑みにして1万2000もの命を奪った1771（明和8）年の沖縄・八重山群島大津波（M＝7.4）等々、日本の災害史上、何度も記録されており、三陸海岸のみならず、わが日本は、やはり宿命的な「津波の国」であると思わざるをえない。

防波堤の嵩上げ等、簡単な問題ではない

　ところで中央防災会議が発表した津波の危険と関連して、各方面から、改めてハードとソフトの両面からなる津波対策ということが強調されている。

　国土交通省によると、津波や高潮の恐れのある「要保全海岸」の中、約2割は想定されている津波の高さよりも堤防の方が低いことがわかった。中でも東南海地震や南海地震による大きな津波被害が予想される和歌山県では約6割、三重県では、その約半分は堤防の方が低い。また、別に会計検査院の調査によると、宮城県沖地震や明治三陸津波型の津波の危険が指摘されている岩手県では56.7％、宮城県でも47.2％が、防波堤や防潮堤の高さが、予

想される津波の高さに対応していない。ハザードマップのある自治体は全国の海岸線の約1割に過ぎないし、閉まらない水門もある、4割の自治体には防災無線もない等々で、国交省と農林水産省では、取り敢えず30億円の予算を組んで対策に乗り出すことになったという（2005年6月7日、同、11月10日『朝日新聞』等）。

　津波防災上、それぞれ重要な課題だが気になることもある。津波対策というと、発想がともすればハードな面に片寄ることだ。くちでは「ハードとソフトの両面」というが、実際上、防災行政の軸足がハードな対策におかれているからだろう。だが、それに必要とする公共事業費の問題もさることながら、こういうやり方は、既に行き詰まっており、転換しなければならない。実際上、ハードな対策に軸足、力点をおくやりかたは改める必要がある。

　例えば、津波対策として最も頼りにされている防潮堤や防波堤だが、想定されている津波高よりも低いからといって、嵩上げなどということを簡単に考えるべきではない。三陸海岸など、現在の防波堤や防潮堤の高さは自然景観上の限度であって、もし、これ以上高くするというなら、巨額を要する費用の問題もさることながら、まず、環境省や海洋学者による環境保全の観点をも踏まえた検討を行った上でのことにすべきである。旧運輸省による湾口防波堤についても、例えば大船渡湾の入り口にある湾口防波堤に対して、海洋学者から、防波堤の内側の海水が水質汚染によって「死んだ水」化しているとの環境問題が提起されていることを重く受け止めなければならない（2001年11月10日『朝日新聞』岩手版）。現実にも、湾内での養殖牡蠣や帆立て貝の安全性が度々問題視されている。釜石湾口の巨大防波堤などに対しても、海洋学者は同様の危惧を表明している。

　和歌山、三重、静岡、岩手、宮城などの堤防の高さが軒並みに、想定されている津波よりも低いというのは、ある意味では当然のことである。これらの諸県の海岸線では、歴史を辿ると、過去10m以上の津波高を各地で記録しているからであり、だからといって、環境問題を無視して、そんなに高い防潮堤や防波堤を造って良いものかどうか？　一度、破壊されたら最期、自

然を元に戻すのは容易のことでない。防災のためとはいっても、そのための自然破壊は最小限度に止め、後世のためにも、あくまで防災と環境保全の両立を模索すべきである。そもそも防波堤や防潮堤の効果効能を過信すべきではない。北海道南西沖地震津波の時、奥尻島のあの青苗漁港には、日本海中部地震津波の後で嵩上げした4.5mの防潮堤があった。けれども8m余の津波は難なくこの防潮堤を越え、防潮堤そのものは、ほとんど無傷で残ったが、内側の家は1軒も残らなかった。

もう一度、原点に立ち返ろう

ハザードマップは重要である。もちろん、作ったほうがいい。だが、行政が作って上からこれを配っても、受け取った住民の側にそれを活用しようとする防災意識がなければ、一度見ただけでお蔵入りになり、宝の持ち腐れになりかねない。現実にそうなっている事例が少なくない。この点では東北大学の今村文彦教授（津波工学）らが提唱している地域住民自らの手による防災マップ作り、すなわち、住民みんなで避難先までの道順を確かめたり、歩いたり、時間を計ったりして、実生活に即し、かつ、お互いの防災意識の覚醒にも結びつくような防災マップ作りを、行政としても積極的に推奨、援助すべきだと思う（今村文彦「地域防災マップの作製を」2005年1月22日『朝日新聞』）。

気象庁による津波情報は、沿岸住民の命綱のような存在であり、その速度や精度は年々、速くなり、高くはなっているが、まだまだ十分とはいえないし、とくに、先ほど述べた明治の三陸津波のように、揺れの小さな地震の後で不相応に大きな津波が押し寄せて来る危険な津波地震に果して対応できるのかどうか？「弱点を抱えている」とか「津波予報の盲点」であるとする意見も依然として少なくない。

それに、スパコンだITだ、最新技術だといっても、所詮は人間のやることであって、人為的なミスやシステム障害はある程度避けられない。

リアス式海岸の地形と災害

　「リアス海岸」というと、なんとなく平和で長閑な景勝海岸のイメージがつよい。この変化に富んだ海岸線の美しさはいうまでもないが、長閑で平和どころか、実は自然災害に非常に弱いのがリアス海岸のもう一つの特徴といえる。リアス海岸というのは、起伏の大きな山地が、地盤の沈下または海面の上昇によってできた海岸線のことで、一般に、海岸近くまで山地が迫った大小の半島と、その間に挟まれたおぼれ谷とが交互して、あたかも鋸の歯のような海岸線を形成している。名の由来をいえば、この種の海岸が発達しているスペイン北西部の大西洋岸にあるリアス湾の名に因んだもので、日本では、わが三陸海岸をはじめ三重県の熊野灘沿岸や四国の宇和島などが知られている。湾内の集落の多くは、それぞれ背後と左右を山に挟まれた急斜面の真下にある渓谷と川に沿って展開しており、湾が沖に向かって口を開いているため津波が大きくなりやすい特徴と同時に、背後をなす急傾斜地の崩落や渓谷に沿った土石流災害の危険とも同居する形になっている。岩手県でいえば、昭和8年の津波後に行われた高所移転とその後の開発の影響もあって、急傾斜地の崩落や土石流災害の危険箇所の半数以上が、宮古市以南のリアス式海岸線に集中している。

日本海中部地震の折、秋田県の消防防災課にあった一斉連絡用のボタンの押し忘れとか、気象台がNHKなどへスイッチ・オフのまま警報を連絡して、受け取った、受け取らないなどの責任のなすり合いになった伝達ポカのようなミスは2度と起こらないだろうと期待するが、2005年11月15日、三陸沖を震源とするM＝7.1の地震があって、気象庁が太平洋沿岸に津波注意報を出して警戒を呼びかけ際にも、こんなことがあった。

青森県と茨城県沿岸に注意報が出たのは地震の約1時間後、青森県では実際に津波が到達してからであった。そのため八戸市では、いったんは、津波の心配がないと広報した後で「津波注意報」が流れるという事態になった。幸い、津波が小さくて実害はなかったが、それにしても何故こんなことになったのだろう？

気象庁の津波予報システムでは、50cm程度の津波が推計されると、即座に注意報を出す仕組みになっているという。しかし、青森県と茨城県海岸線は、当初この基準以下だったので「被害の心配はありません」との情報を出した。それで八戸市では地震から37分後、沿岸約8000世帯に対して「津波の心配はありません」と、防災無線を通じて広報した。「被害の心配はありません」というのが「津波の心配はありません」になってしまった訳である。ところがそのうち、東北太平洋沿岸に津波が到達し始めたので、気象庁はそのデータを基に改めて計算し直したところ、50cm程度の津波が押し寄せて来る恐れが出たので、青森と茨城の両県にも注意報を追加発令した。そこで八戸市では前の広報を取り消し、改めて「津波に注意してください」と広報する混乱になった。地震から1時間10分、既に20cmの津波が到達した後のことであった（2005年11月16日『朝日新聞』）。

全く同じようなことが2007年8月2日の、サハリン南部付近を震源とする地震の際にも繰り返され、北海道では津波の第1波が到着してから30分後、地震発生から実に2時間後の「津波注意報」になった。

チリ津波や日本海中部地震の時の津波警報の出遅れは昔の事としても、津波の到達後に注意報が出たという、この種の出遅れは、2度や3度のことではない。気象庁によるリアルタイム地震観測網と情報システムは世界最高の

性能といわれているが、駆使するのはやはり人間なのである。

　ついでながら、前記、11月15日の地震の時、釜石市では、市のホームページ（ＨＰ）が、通信機器の故障のために21時間にわたってダウンし、津波時の避難行動などを示す「動く津波ハザードマップ」が閲覧不可能になって、肝心の時にＨＰが見られなくて申し訳なかったと、市当局がお詫びをしている（2005年11月17日『朝日新聞』岩手版県）。同様の故障も、今回がはじめてのことではない。2005（平成17）4月には、岩手県庁の総合防災管理室が管理する震度情報ネットワークシステムが故障して18時間も機能しなかったし（2005年4月14日『朝日新聞』岩手県版）、同7月にも、同総合防災管理室による、気象庁の地震や津波の情報を携帯電話のメールで知らせる「リアルタイム防災情報」が、1600人に誤った情報を送信してしまったという（2005年7月24日『朝日新聞』岩手県版）。

　幸い、いずれも大きな事故には繋がっていないが、システム障害や人為的ミスは、津波防災分野のみならず、どこの「世界」でも同じことで、銀行、証券取引所、鉄道会社、航空会社、通信会社等々、事故と当局者の「お詫び」発言が後を絶たない。しかし、事が人々の命と暮らしに関わる防災の分野になると、直接人命を預かる交通機関等と同様、いつか「お詫び」では済まない大事故に繋がる可能性もなしとはいえない。

　しかし、防災情報システムなどを開発したメーカーや携わった研究者は、性能の数々は並べ立てても、システム障害や人為的ミスの可能性については、一切、語らない。加えて、新聞、雑誌、著書などの出版物による先走った紹介記事は、これまた良いことづくめときている。ＧＰＳによる観測システムによると、津波警報から避難まで10分以上の時間的な余裕が生まれる。いや、もっと凄いのがある。2001（平成13）年から宮城県の気仙沼市で仮運用をスタートさせた、東北大学と企業と市の共同開発による「タイミングネットワークシステム」などは大したもので「世界で最も精度の高い気象庁の『リアルタイム地震観測網』による津波警報発令システム」と「各自治体などで設置している津波計による観測システム」によるデータを一元化してインターネット上で掲示する。「掲示される情報は、誤差が含まれる多くのデ

第 5 章　津波防災を考える　　123

ータを修正し、より正確に津波の発生域を示す」だけでなく「津波の到達想定地域をはじめ、国内外で襲来の状況を即座に知ることができるようになった」「津波犠牲者ゼロを目指して」いるというのである（日本地震学会会長・大竹政和監修『防災力』創童社・172～173頁・筆者不明）。読む限り、もう完璧であって不確実要素などはどこにも見当たらない。それどころか、もうこれで大丈夫だという気にさえなってしまう。

　こうして住民の間には、情報システムなどに対する依存心ばかりがどんどん広まって行く。そして、どんな素晴らしい情報も、おのれ自身が、それを活かして機敏に避難しなければ何にもならないのだという認識と自覚が次第に希薄になって行く。

　結果、これらが防波堤や防潮堤に対する過信と相まって、津波注意報や警報が出ても「ああ 30 センチか？　1 時間後か？　まだまだ？　なに大丈夫だろう」といった自己判断になり、家に居てテレビやラジオ、行政のＨＰや携帯電話のメールにしがみついていれば様子がわかるから、といった具合で、なかなか腰を上げない。つぎつぎと開発される情報システムが、研究者の、こと志に反して、かえって住民の防災意識をマヒさせているようなものである。

　ある自治体の防災担当者は、あれも、これもと、余りにもいろいろなものがあり過ぎて、それが住民の避難行動に、かえってマイナス作用している面

大船渡市綾里地区の防潮堤に貼られている津波防災パネル

がある。そういうものが一切ないとして、津波防災をどうするのか？　行政も住民ももう一度、原点に立ち返って考えて見なければならないと語っていたが、まったく同感である。

今、何が求められているのか

　要するに、防波堤や情報システムは、住民にとって頼もしい存在であり、味方であることに間違いないが、いずれも万全万能なものではなく、より肝心なのは、その恩恵や情報を受ける側である住民一人一人の知識と心構え、結局は防災意識ということになる。したがって、最新技術による情報システムについても、単にそれを導入するだけではなく、同時に、その倍も3倍もの力を注ぎ、工夫を凝らして、住民の津波知識と防災意識を高めるための努力をしなければならない。これは、何処よりも誰よりも、国や行政の責任であると同時に、地震や津波の研究に携わる専門家の責任である。

　住民の津波知識と防災意識を高めるための施策の一つとして、この機会に提唱したいのは、国と沿岸線の自治体の責任において、津波の危険がある全国の海岸線に、津波に対する注意を喚起する防災パネルや立て看板、過去の津波の水位標識などを設置するとことである。現在も、神奈川県や静岡県の海岸線に行くと「津波に注意」（真鶴町）「地震・・津波・・すぐに高い所へひなん」（西伊豆町）等々、工夫を凝らしたパネルや立て看板が見られるし、四国の海岸線（穴喰町など）や三陸海岸の一部（田老町、大船渡市など）には、過去に津波が襲来した際の水位標識などがある。避難路や避難場所を示すパネルや看板と組み合わせたものもある。海岸に行くと、直ぐに目に飛び込んできて、地域住民の防災意識の持続のためには勿論、釣り人や観光客に対する注意喚起としてたいへん効果的だが、全国的に見ると、知るかぎり、こうしたパネルや水位標識のある海岸線はまだまだ一部に過ぎない。しかも、それらは必ずしも行政の努力や負担によるものばかりではなく、なかには、明治の三陸津波の際、38.2mの最大波高を記録した岩手県大船渡市・綾里地区の防潮堤に貼られている「地震があったら津波の用心」というパネルや、

電柱に貼られている水位標識のように、行政の手によってではなく、消防団の自主的活動と住民の寄付、電力会社の社会貢献として実現したなどもある。「自分たちの地域は自分たちで守る」という立場からしてある程度の住民負担はやむをえないにしても、それは考え方の問題であって、本来は、国や自治体のイニシアチブと負担でやるべきことである。

津波の危険がある全国の海岸線の集落にかなりの数これを設置したとしても、試算すると、その費用は総額何百億という巨額でもない。いくら国や自治体が財政困難だと云っても、この程度の負担に耐えられないことはあるまい。いずれにしろ、津波の恐ろしさを教え、防災意識を持続し高めるための、日常的、恒常的な手段の一つとして、例えば、こうしたソフト面の施策をもっと重視し、きめ細かに実施するよう、切望してやまない。

必要な多角的な視点と対応

同時に今日は、沿岸だから津波さえ警戒していればよいという訳にはいかなくなった。津波対策も複眼的な視点と多角的な対応を必要とする時代になったということである。

まず、昔は想定外のことだったが、同時に土砂災害や火災対策についても考えなければならなくなった。

リアス式海岸といえば、宮城、岩手とつづく三陸海岸が有名だが、三重県の熊野灘沿岸から和歌山県にかけての沿岸線なども絵に描いたようなリアス式海岸で、ともに景観と地先漁業に恵まれている反面、津波に弱い面も合わせ持っている。ところで、これまでは津波災害に隠れてあまり問題にならなかったが、もう一つ、土石流などの土砂災害に弱いのもリアス式海岸なのである。リアス式海岸の集落は、凡そ何処でもそうだが、背後と左右を険しい山々に囲まれた急傾斜地の下に展開しているからである。

三陸海岸でいうと、その上、昭和の津波後に根本的な津波対策として行った岩手県だけでも約3000戸に及ぶ大々的な高所移転のために、やむを得ず背後の野山を切り開いて宅地を造成したことによる自然破壊、加えて（三陸

海岸のみなず）戦後の高度成長期以来の開発による自然破壊で、土砂災害の危険が増大の一途を辿っている。

　岩手県土木部の指定による「急傾斜地崩壊危険箇所」や「土石流危険箇所」の一覧表を見ても、段丘海岸である宮古市以北に比して、宮古市以南の釜石市、大船渡市など、リアス式海岸部が圧倒的に多く、現に、私の生活している地区（大船渡市綾里）など、海岸には「地震があったら津波の用心」の看板、そのわずか100mしか離れていない奥地には「土石流危険箇所」の看板と「急傾斜地危険区域」の看板の双方が建っていて、住宅の建築制限区域になっている。

　1993年の北海道南西沖地震の際、裏山の崩落のためにホテル（洋々荘）が倒壊し、24人が死亡した奥尻島での事例が示すように、震度6前後の地震ともなれば、三陸海岸や熊野灘沿岸地域でも、各地で同様のことが起こりかねない。

　岩手県の釜石市では、この度、10数年の歳月と千数百億の公共事業費を投じた巨大湾口防波堤が完成した。けれども、比較して土石流対策の方は疎かにされて来た。ために2003年の夏にあった台風のとき、釜石の松原町では土石流災害で住宅が潰され、住民2人が犠牲になった。道路もあちこちで崩落事故が起こり通行止めになったりした。

　このように、海岸線で震度6以上の揺れを感じるような大きな地震が起こると、津波が押し寄せて来るまえに、まず急傾斜している山際の住宅が倒壊したり、断崖の上下を走る道路の崩落で道路がずたずたにされる危険がある。長雨や集中豪雨後の地震では、その危険がより大きくなる。東京から車でやって来た地震の専門家が、いま時、こんな危険な道路も珍しい、冷や汗ものだった、と驚くような道路も実際にあるのである。こうして、最悪の場合、あちこちで山からの津波（土石流）と海からの津波の挟み打ちにされ、しかも陸の孤島化する事態も考えなければならない。要するに今日の時代は、津波対策だからといって海ばかり見ている訳にはいかないということである。

津波と同時に発生する火災の危険についても、改めて考えてみなければならない。

　1933（昭和8）年の三陸津波の際、当時の釜石町や田老村では、同時に火災が発生して、火攻め水攻めに遭っているし、1946（昭和21）年の南海地震の際も、和歌山県の新宮市でやはり大火災が発生して廃墟と化している。今日、沿岸地域と家庭にある可燃物は、当時の比でなく、漁港ごとのガソリンスタンド、三陸海岸など、専業漁業者1戸で2、3隻が普通になっている大小各種の船に積まれているガソリンや重油、家庭にある灯油を燃料とする風呂釜やストーブと予備の燃料タンク、燃えやすい建材等々、数えだせばきりがないほど火種と燃える材料は多く、一度、火がつき、火災が発生したら、これも奥尻島の経験が示すように、延々と燃えつづける危険がある。したがって、津波襲来を予想して避難する際も、必ず火の始末をしてから飛び出すようにとの、心掛けと訓練が大切になる。

　現代の津波対策での新しい重要問題の一つに（これは他の自然災害にも共通するが）災害弱者の避難と安全を如何にして確保するかという課題もある。三陸海岸では、共倒れによる死者が非常に多かった明治三陸津波の教訓から「津波てんでんこ」の言葉さえ生まれた（山下文男「津波てんでんこーその真意と問題点」2004・6月号『近代消防』）。こうした考え方は、自分の命は自分で守るという意味で、今後ともますます重要になるが、老齢化が進んでいる現状に照らして考えると、これだけでは不足であり、同時に、1人暮らしの老人や体の不自由な人たちの避難を如何にして手助けするかという問題を考えなければならなくなった。北海道南西沖地震の際も、奥尻島での死者198人を年代別に見ると、その45.5％、実に90人は61歳以上の年代であった（山下文男「溺死者の最多は子供と老年世代」2005＝20号『歴史地震』）。こうした災害弱者の避難と安全確保のためには、集落、地区、地域ごとのきめ細かな取り組みと対策が必要であって、自主防災などの手を借りなければ、問題は実際上、解決できない。そこで「自分の命は自分で守る」と同時に「自分たちの地区や地域は自分たちで守る」のだという防災思想とそのための努力が、この点でも必要不可欠の課題になる。

防災知識は命の保障

　総じてつぎの津波は、どういう情況の下で、どのように襲って来るかはわからない。
　いずれにしても「備えあれば憂いなし」であり、その「備え」でいちばん大切なのは、住民一人一人の津波知識と心構えにほかならない。これは単なる精神論ではない。
　北海道南西沖地震の時、取材のために奥尻島に行っていて、まさに九死に一生をえたという水中カメラマン・中村征夫さんの講演を聞いたことがある（釜石市主催「地震に強いまちづくりシンポジウム」2004年11月27日）。
　奥尻島・青苗地区の岬から数軒目の民宿に泊まっていた。宿泊に際して、宿の奥さんから「津波が来たら高台に逃げるように」といわれていた。偶然にも投宿中、大きな揺れの地震になった。だが、自分の頭の中では地震と津波の発生が結びつかなかった。ところが直ぐさま宿の奥さんが「津波が来るから速く逃げなさい！」と、大声で注意してくれた。そこで玄関に下りて靴を履こうとしていたら、重ねて奥さんは「靴なんか履いている場合じゃない」と、怒鳴るようにして急き立てる。それで裸足のまま屋外に飛び出して真っ暗の夜道を高台に向かって走り、危機一髪で助かった。助かったのは民宿の奥さんのおかげだ……と、いうのであった（2004年11月29日『岩手東海新報』）。
　実は、この種の話しは津波史の中に幾つもあるのだが、この民宿の奥さんの津波知識と機転には感心するばかりである。
　第1は「地震があったら津波の用心、津波が来たら高い所へ」という、初歩的ではあるが、たいへん重要な津波防災の基礎的な心構えをしっかりと身に付けていたこと。
　第2は、津波は非常に速いものであり、その危険を感じたら、もう時間との闘いであって、まごまごしてはいられないという津波知識と心得があったこと。

第3は、津波の危険地帯にある民宿の経営者としての常識と責任感。これは津波の危険地帯のみならず、全国の観光地のホテルや旅館、民宿経営者の模範とすべきである。
　右の事例が示すように、防災知識は自分自身の命の保障である。津波のみならず、火山の噴火、地震そのもの、土石流、風水害等々、すべての自然災害についていえることで、ちょとした知識の有る無しが、人々の生死を分けることが少なくない。

むすび——決め手は防災教育

　近年、津波注意報や警報が発令される度に住民の避難率の少ないことが問題になる。
　例えば岩手県では、2006年11月と2007年1月に、岩手県沿岸部に「津波注意報」が出されたことと関連して、その時、沿岸住民がどのように行動したかについて、県の総合防災室が調査したところ、避難したのは、全体の1割にも満たない9.4％、危険を感じながら避難しなかった人が39.4％、はじめから避難しようと考えなかった人が41.6％という結果であった。津波の場合は、仮にそれが「注意報」であっても避難しなければならないことになっている。過去の経験から、津波が来てからでは遅いということがあって気象庁は慎重を期しているのだが、にも関わらず、注意報だったから、との理由で避難しなかった人が35.4％を占めていたことも明らかになった（2007年5月15日『朝日新聞』岩手県版）。
　背景を探ると、当事者たちは、あれこれと、もっとらしい理由を上げるが、結局は、何度でも、津波体験の風化という事実に突き当たる。
　日本海側の北部では、日本海中部地震から25年、北海道南西沖地震からは、まだ15年しか経っていないので、それほどでもないが、太平洋側でいうと、昭和の三陸津波から既に75年、東南海地震津波から64年、南海地震津波から62年、あのチリ津波からでさえ半世紀近くも経って、津波体験の風化がすすみ、津波に対する住民の恐怖感が年ごとに薄れて来ているからである。

前にも述べたように、津波というのは、自然にまかせておけばどんどん風化して行く災害である。従って、この風化に歯止めをかけるためには、人間社会の意識的、持続的な努力がどうしても必要になる。そうでないと、いつかまた、天地号泣するような大災害になるという哀しい歴史を繰り返して来たのが津波である。私たちは、その歴史的な教訓に謙虚に学び、そのための努力を怠らないようにしなければならない。
　にもかかわらず、国や自治体の、今の防災行政を見ると、全体として、防潮堤や防波堤のみならず、監視システムや情報システムといった、物作り的な活動に偏って、住民に対する防災教育がこれに伴っていない。むしろ、著しく立ち遅れているのが現状である。
　無論、防潮堤、防波堤や監視システム、情報システムは、津波防災上、非常に重要な存在であって、それを否定するものではない。どうしても必要な地域では防潮堤や防波堤も造らなければならないし補修もしなければならない。現に、そういう地域が三陸海岸にすらある。だが、その場合でも、肝心なのは、防潮堤や防波堤そのものではなくて、住民の心構えであり防災意識である。自分の命は自分で守り、自分たちの地域は自分たちで守るという地域住民の旺盛な防災意識と自覚的な訓練こそが、より確かな「防潮堤」であり「防波堤」たりうるのである。

　いうまでもなく、人々の防災意識を高めるということは、自然災害に立ち向かう人間の心の持ちようを積極的にし、高めるということであるから、そのための粘り強い努力がどうしても必要となる。しかし、これが確固としていなければ、例えば、折角の地震や津波に関する情報なども活かされないし、避難勧告や避難指示が発令されても、立ち向かう姿勢が消極的であるからなかなか避難しないことになる。
　そればかりか、津波のみならず、地震、噴火、風水害等々、何に関わらず、自然災害に対する姿勢が受け身になる。住民が自然災害に立ち向かう姿勢が積極的であるか、受け身であるかは、自然災害の多いこの国にとって重大問題である。普段からの立ち向かう姿勢の積極性は、いざというときの減災や

復興力の力強さになり、結果、国と社会に計り知れない好影響をもたらす。
　したがって国や自治体は、この際、防災行政の軸足と力点を、しっかりと住民の防災教育に据えて、津波に限らず、自然災害についての防災教育を義務化することをはじめ、結局、これが津波防災の決め手をなす最重要課題と位置づけて、防災教育と防災意識の高揚のためのきめ細かな施策を推進すべきである。

　津波防災教育の義務化の問題についていうと、1983年の日本海中部地震津波のとき、遠足中の小学生たちが遭難したことと関連して、かつて、小学校5年生の教科書に載っていた津波物語の名作「稲むらの火」を、教科書に復活させるべきであるということが、学者・研究者によって提唱された。このことについては、政府関係者もよく承知しているらしく、私などが接触したことのある防災担当大臣なども賛意を表していたし、2005年の1月18日に神戸市で開会された国連防災世界会議の際には、開催国代表として演説した、時の小泉総理が「稲むらの火」を紹介し「知識や教訓を常に頭に入れておくこと、災害発生の際には迅速に判断し行動をとること、日頃から災害への備えを怠らないことの重要性を教えている」と語ったと報道されている（2005年1月19日『朝日新聞』）。
　だが、その「稲むらの火」が、教科書に載っていたのは戦前の1937（昭和12）年から、戦後の1946（昭和21）年までのことで、日本海中部地震津波を契機とする、津波の専門家や研究者の提唱にもかかわらず、その復活は実現していないし、それに代わる、これといった教材も実現していない。前提になる災害教育の義務化も実現しておらず、「稲むらの火」にしても、様々に称揚されてはいるが、今のところ、単に、昔話のようにして取り上げられているに過ぎない。

　周知のように、何事に関わらず教育の力は大きい。
　自然災害のたいへん多いこの国に生まれた誰もが、義務教育の過程で、1度は、地震や火山の噴火や風水害などとともに津波災害について学ぶ機会を

与えられる。国が直接責任を担うそういう災害教育が太い柱としてあって、更に、地方自治体や各種社会組織による、実情や任務に則した具体的な防災教育が行われる。こうして、防災意識の高い国民的な土壌を培ってこそ、はじめて天下国家百年の大計として、津波のみならず各種の自然災害に強い国づくりが展望できると私は考えている。

付-1
『丙申大海嘯溺死者諸精霊等』について

岩手県教育委員会文化財担当に提出した
（2008（平成 20）年 1 月 31 日）報告書の大要

　岩手県大船渡市盛町にある曹洞宗・洞雲寺の本堂内に、2万2000人もの命をひとのみにした明治29（1896）年6月15日、旧暦5月5日の、いわゆる「明治三陸津波」の際、当時の岩手県気仙郡内の沿岸各町村で溺死した人々の霊を弔う、幅1・45m、高さ2・72mもの大位牌が安置されている。位牌正面の真ん中にある「丙申大海嘯溺死者諸精霊等」という大きな文字のまわりには、その夜たまたま被害町村に滞在していて受難した地域外の人々をふくむ溺死者の俗名が、村別、さらには誰々外〇名として世帯別に、滞在者は出身地ごとに、赤い漆による文字で丹念、鮮明に書きつめられている。『大船渡災害誌』（大船渡市）によると、その数は5648人とあって、同、洞雲寺門前の『大海嘯記念碑』にある気仙郡内の死者「5670余人」とほぼ合致する。ただし、その町村別の内訳を個々の町村に残されている記録に基づく死者数と照合すると、必ずしも一致せず、概して町村の記録によるものの方が多めになっている。これらは、死者数があまりにも多かったことと、災害当時の混乱した状態の反映と見るべきだろう。百数十年も経た後々の世の阪神淡路大震災（1995年）の死者数が、12年も経ってから追加訂正されていることを思えば、明治三陸津波の災害規模の大きさから推測して無理からぬことといえる。いずれにしろ、こうした大位牌の存在は知るかぎり国内で例がなく、文化財としてこれ自体がたいへん貴重なものである。

大位牌の由緒

　明治29年の三陸津波が沿岸各地に襲来したのは前述の通り6月15日の夜8時頃のことであるが、実はこの時、最大の被災県である岩手県庁は、管内の沿岸各地でこうした大災害が起こっていることを全く知らないまま夜をすごしていた。

　県庁の所在地である盛岡などの内陸部と沿岸部との間が、北上山系の山々と、仙人峠とか九十九曲がりなどという険しい峠によってさえぎられているのに加えて、沿岸各地の被害があまりにも突発的、壊滅的で、村役場や警察署、派出所の流失、議員や吏員、警察官らの死亡も数多く、機能が完全にマヒしていて、県庁に連絡するための人手も時間の余裕も全くなかったからである。そのため、ちょっと信じがたいことだが、岩手県庁が津波の事実を知ったのは、その10時間を過ぎた翌朝、午前6時に寄せられた青森県庁からの急電であった。管下の沿岸各地から直接岩手県庁に届いた第1報は約20時間後の翌・16日午後4時20分に入った遠野発による釜石の罹災に関する通報、気仙地方からの報告などはさらに後れて17日の午前9時40分発によるもので「今朝、盛町（現大船渡市）海嘯の為、人畜の死傷無数」というものであった。被害が非常に大きかったことに加えてのこうした地理的、環境的な悪条件から岩手県では、海岸続きで県庁と連絡可能な宮城県下や青森県下の被災地と比べて救援活動の出足が大はばに後れた。

　それでも県では、青森県からの急電後、ただちに職員の非常招集を行い、派遣する人夫や医師、看護婦の雇い入れ、現地に送るべき食料の買い付けなどの応急措置にのり出すほか、県や警察の幹部、引き続いて巡査や職員を派遣するなど、懸命に努力したが、如何せん、被災地の地の利の悪さは、後々まで尾を引き、救援活動は困難をきわめた。

　ちなみに当時の岩手県知事は、服部一三という山口藩の出身で、アメリカ留学の後、日本地震学会の初代会長や東京大学の副総理などを務めたこともある元々は科学者で、後、官界に転じて岩手県知事に就任、偶然にもこの史

上まれにみる大津波の後始末と廃墟からの復興を指揮するめぐりあわせになった学者知事であった。

　その服部知事が津波の9日後、すなわち6月24日に中央政府の板垣退助内務大臣に宛てた報告書には気仙地方各村の被害情況がつぎのように綴られている。
「広田村六カ浦と称する所の如きは、水面より高きこと五丈余の所にある民家を砕き、激波の為、数丈の高き山頂に船を打揚げ、巡査駐在所は流失し、駐在巡査は重傷を負い、家族は皆流亡せり。末崎村に於ては巡査駐在所流失、駐在巡査重傷を負い、家族六名皆死亡せり。大船渡村の如きは沿海一八丁余間の電柱ことごとく折れ、小友村は浸田害八〇余丁に渉れり。綾里村の如きは死者は頭脳を砕き或は手を抜き足を折り実に名状す可らず。村役場は村長一名を残すのみ、尋常小学校駐在所皆流失して片影を止めず、駐在巡査は家族と共に死亡せり。越喜来村は巡査駐在所流失し、駐在巡査家族と共に死亡せり。而して尋常小学校も流失したれども、訓導佐藤陣は妻子の死を顧みず辛ふじて御真影を安全の地に奉還せり。唐丹村は郡内第一の被災地にして巡査駐在所流失し駐在巡査家族と共に死亡し二八〇〇余の人口にして死亡二五〇〇を出したるは実に悲惨の至りなり………」
　中央政府の緊急援助を要請するためとあってか、駐在巡査の罹災情況や皇室に対する教師の忠誠心に重きをおいた報告になっているが、それにしても、気仙郡内の惨害が筆舌に尽くせない凄まじいものであったことを物語っている。
　こうした中で、村々の生き残った人々と、救援に駆けつけた人たちの緊急問題は、死体の捜索とその処理であった。が、死者はあまりにも多く、捜索や処理に当たらざるをえない生き残りの者はあまりにも少なかった。
　なにしろ気仙郡内の被害町村では、人口1万8787人中、5676人、平均でも3人に1人（30・2％）の多数が死亡している。唐丹村（現釜石市内）や綾里村（現大船渡市内）などは死者千人を超えてほとんど全滅に近い。唐丹村の本郷では873人中、769人が溺死（88％）して生き残ったのはわず

か104人（12％）にすぎなかったし、綾里村の石浜では187人中、146人が溺死(78％)して41人(22％)しか生き残らなかった。白浜でも236人中、175人が溺死（74％）して、61人（26％）が生き残っただけであった。各地とも被害集落は大なり少なりこうした状態であり、探しあてた死体を土葬したり火葬したりする作業を、生き残ったわずかなその人たちだけで行うなどは到底不可能であった。生き残ったとはいっても人々は体力も気力も憔悴しきっており、発見された身内や身近な親類縁者の死体処理だけでも手一杯の状態でいる。したがって全滅した家（岩手県で728戸、気仙郡で110戸）や、一人だけ生き残った家の死体処理などは、心ならずも後回しにならざるをえなかった。季節はむし暑い梅雨時のことである。

　気仙郡役所の『盛警察署誌』は「巡査の救護状況」として、管内の情況と酸鼻をつぎのように記述している。
「尤モ困難ヲ感ジタルモノハ人畜屍体ノ処分ニテアリタリキ。免災者は老幼男女ニ限ラズ親戚故旧ニ集リ行動シテ各自ノ経営ヲ為ス場合ニ当テ強制シテ出夫セシムルニ術ナク、天ニ慟シ地ニ哭シテ恰モ狂人の如キ罹災者ニ之ガ処置ヲ為サシムルコト偲ビザル所ナリ。一刻ヲ経過セバ臭気当タルベカラザル季節、衛生上寸秒モ忽諸ニ付シルコト能ハズ、於是乎人夫ノ供給一刻ヲ通過スル毎ニ益々其必要ヲ感ジ苦心焦慮至リテ止ミナク巡査ヲ各町村ニ派シ、人夫募集ノ事ヲ司ラシメ、従テ使役シ僅カニ死体取片付等ノ緒ニ付キタリ…」
「死体ノ検視ニ就テハ重要ナルモノヲ除クノ外ハ、細カニ之ガ調査ヲ為シ成規ノ手続ヲ履行スルノ余裕ナク、親族故旧ナク、引取人ナキモノハ町村長ニ引渡シ、仮埋葬或ハ火葬適宜ノ処置ヲ為サシメタリ」
　別に「明治29年海嘯誌」に収録されている気仙郡長・板垣政徳の談話によると、あまりにも人手が足りないので、他の郡に行って死体処理のための人夫を雇入れようとしても、養蚕の最中だったため思うように人が集まらず、仕方なく、郡役所所在地である盛町の男女を駆り立て、学校教員にまで死体の運搬に当たらせたとある。
　こうして、検視を行い、埋葬や火葬のとり運びをした上で親族故旧に引き

渡された数は、男617人、女874人、また引取人なきものは、男438人、女507人、合計2436人にもなったと記している。ただし、この数字は警察やその人夫などによって処理された死体の数で、親戚故旧などが直接処理した数はふくまれていないし、退き波で海にさらわれて行ったまま遺体の揚がらない死者の数もふくまれていない。

それらをふくむ全体数であるが、津波の1周年に当たって岩手県庁から内務省宛てに提出された報告書にはつぎのように記されている。

〔明治三陸津波に於ける岩手県での死体処理の内訳〕

郡名	死者総数	体発見数（％）	火葬数	埋葬数	死体不明数（％）
上閉伊	5393	2200（41）	403	1797	3193（53）
下閉伊	6088	3736（61）	2281	1455	2352（39）
九戸	1001	806（81）	213	593	195（19）
気仙	5676	3478（61）	2490	988	2198（39）
合計	18158	10220（56）	5387	4833	7938（44）

（岩手県より内務省に宛てた〔1897・6・15〕「海嘯始末ニ付申報」による）

これを要するに、気仙郡では死者5676人中、死体の発見されたのは、その61％に当たる3478人で、残る2198人は遺体が揚がらなかった。また発見された3478人中、火葬に付されたのは2490人、埋葬されたのは988人となっている。

死者数よりははるかに少なかったが、重傷を負った者や、泥水のような海水を飲んでしまったことなどによる重病人も続出した。急きょ派遣されて来た赤十字や帝国大学の医師と看護婦、陸海軍の軍医と看護卒、東京などから駆けつけた特志看護婦等々の他、県庁の手配によって集められた内陸部の医師たちが各地でその治療に当たった。

まず被災各村に仮の臨時の救護所や仮病院が設けられ、被害を免れた医師や近隣から駆けつけた医師らによって懸命な奉仕治療が行われた。

村々における救護所の設置につづいて気仙郡役所の所在地である盛町の高等小学校と洞雲寺の本堂に、郡役所が管轄する臨時の救護病院が設置された。

そのうえで村々の救護所は漸次閉鎖して患者を盛町に移送、最終的には洞雲寺の臨時病院に残る重症者や重病人を収容して赤十字や陸軍から派遣されて来た医師や看護婦たちが治療に当たった。

洞雲寺が臨時病院にあてられたのは、宗派と関係なく、郡役所から近いうえ、本堂が比較的に広かったためと思うが、当時の洞雲寺住職・千葉文山は、災害の夜から各家を経巡して米3石ほどを自費で買い求めて罹災者に送ったりもしており、あるいは自ら提供を申し出たのかもしれない。

記録（三陸大海嘯岩手県沿岸被害調査表）によると、明治三陸津波による岩手県での重傷者数は、全部で603人。中、気仙郡は180人でその内訳は、末崎村26、赤崎村36、大船渡村4、気仙村8、広田村11、米崎村4、高田町0、小友村13、綾里村24、越喜来村9、吉浜村10、唐丹村35人となっている。

死者数に比して意外と少ないが、これ自体、津波災害の特徴の一つを物語っている。

すなわち、津波では、濁流にさらわれて溺死するか、それとも逃げきって助かるかの、大概は二つに一つであって、その中間、すなわち、さらわれはしたが助かったという事例は非常に少ない。津波のパワーがいかに強烈であるかをしめすもので、明治三陸津波は特にそうであった。しかし、だからといって、各村の救護所や洞雲寺に設けられた郡の臨時病院で手当てを受けた人たちも、そこそこの少数だったと推測すべきではない。実際にも、例えば綾里村の救護所では、津波の8日後の23日までに109人の重傷者を治療したと記録されているし、そうでなくとも、治療のおかげで命を永らえることができた人たちの反面では、懸命の治療にもかかわらず、遂には死に至った怪我人や、重病人もかなりの数に上ったものと考えられる。その人たちは結局「重傷者」ではなく「溺死者」として数えられたであろう。

盛町の洞雲寺に設けられた郡の臨時病院でも同様で、運び込まれたかなりの数の怪我人や重病人が快方に向かう反面では、かなりの患者たちが、その効もなく死亡したかもしれない。その人たちにとって洞雲寺は、最期の場所になったわけである。したがってこの場所に津波による全犠牲者の霊を弔う

ための気仙郡としての記念碑が建立されたのは、ごく自然のことであった。洞雲寺の門前にある『大海嘯記念碑』がそれであり、各方面から寄付を募って、仏教でいう七回忌の年、すなわち、明治35年6月15日に建立されたものであることは、津波当時の気仙郡郡長であった板垣政徳の撰文と裏面の記録によって早くから明らかにされていた。しかし、冒頭に記した洞雲寺本堂内の大位牌「丙申大海嘯溺死者諸精霊等」は、その災害文化財としての価値は、早くから認められていたが、これが誰により、どういう経緯で建立されたものであるかは明らかでなかった。大位牌の移動がむずかしくて裏面にあるはずの由緒書きを調べることができなかったからである。

　平成20（2008）年1月10日、洞雲寺の現住職・清水瑞邦師の立ち合いの下に行われた郷土史家・平山憲治氏と大船渡古文書之会（千葉敏郎会長）の会員諸氏による調査で、今回初めてそれが明らかになった。要するに、七回忌に当たって『大海嘯記念碑』を建立する際、同時に、津波で溺死した御霊の冥福を祈り、小松駒治郎と小松音三郎という二人の人物が発起して建造したものであった。裏面にはつぎのように記されている。
「明治三十有五年六月十五日大海嘯七年回　此年記念碑ヲ建立シ此霊碑ヲ造リ大吊（弔）祭執リ行フ　発起者　小松駒治郎　小松音三郎」
　先ず、2人の発起者についてであるが、ともに広田村小松家の一族で「小松駒治郎」は、その当主で津波当時の広田村村長、「小松音三郎」は気仙郡会議員だった人である。
　小松駒治郎は水産業者で、地元では「潮流翁」なども呼ばれたようであるが、明治三陸津波の原因は、三陸沖で暖流と寒流とが衝突したためであるという、いわゆる「潮流衝突説」を唱えた人物として、当時、草創期の地震学界でも知られた存在であった。
　さらに小松駒治郎に関して津波当時の郡長であった板垣政徳は、『大海嘯記念碑』の撰文の中で、この記念碑そのものが、当時の広田村長であった小松駒治郎」の発案と尽力によって建立されたものであると要旨つぎのように記している。

ある日「ぬし予が家を訪れ」(彼、小松駒治郎が板垣の家に来て)、今年は亡くなった仏たちの七回忌に当たるので記念の一大碑を建てることを思い立ち、現郡長の賛同も得た。当時、職を同じくした人々や各町村の町村長や有志とも協議、水難救済会の副会長(鍋島直大)からは「あれ狂う津波の中の叫び声今も聞ゆる心地こそすれ」という歌も寄せられた。記念碑にはこれも彫りつけたい。それで、当時の郡長として是非とも貴方(板垣正徳)に記念碑の撰文を頼みたいと言う。然し私は、それは学者の仕事であって、自分ごとき「よきすべきことにあらざればとて」固く辞退した。が、彼(小松駒治郎)の言うには「学者の文或は俗に読み難く、解し難ければ、金石に彫りて建つともその甲斐なけむ」。それよりは、当時の郡長として心に感じたままを読みやすく、分かりやすく書いてもらいたいと再三言うので「いとと心もかき乱れてさなきだに拙き」筆をとった、と。

そういえば記念碑の裏面に刻まれている「寄付人名」の「広田村」の項には「小松駒治郎　同　音三郎」とあり、さらに小松駒治郎の名前の脇には「世話人」と書いてある。要するに小松駒治郎は『大海嘯記念碑』建立の正式の世話人であり、同時に、その機会に建立された大位牌「丙申大海嘯溺死者諸精霊等」を、一族であり郡会議員でもあった小松音三郎とともに発起した人物であった。

大位牌に指定文化財としての光を

瞬時にして万余の命を奪い去った明治三陸大津波の人々に与えた衝撃は、現代に生きる我々の想像を絶するものであった。
「海嘯の恐るべきは、むしろ地震の恐るべきよりも恐るべし。今や東北三陸の地、その恐るべき奇襲に遭う。天運の如何ともすべからざるによるといえども、その不幸誠に哀れむべきの至りならずや」(『東京日日新聞』)。こうして明治三陸大津波は「千載記憶を消す能わざるの大惨事」(綾里、長林寺内、村上己之作家の記念碑)として記憶され、その日「明治二十九年六月十五日という日は実に哀しく痛ましく忘れんとするも忘れ難き日」(『大海嘯記念

碑』）となった。

　しかしながら、それから100年余の年月を経た今日では、その6月15日の意味を知る人たちはごく少なく、旧暦5月5日の端午の節句になって祝いの膳を上げることはあっても、津波で亡くなった先祖の人たちに思いを馳せる子孫はほとんどいなくなった。

　他方、近年、津波注意報や警報が発令されるたびに住民の避難率の少ないことが問題になる。背景をさぐると、結局は、こうした津波体験の風化という現実に突き当たる。かつて、大津波の恐怖から逃れて奇しくも生き残ることのできた人たちが涙とともに綴った「千載記憶を消す能わざるの大惨事」が、今や忘れ去られようとしているのである。

　元々、津波というのは、その災害間隔が長いため、自然にまかせておけばどんどん風化して行く災害である。したがって、この風化に歯止めをかけるためには、人間社会の意識的、持続的な努力がどうしても必要になる。そうしないと、いつの日か、また天地号泣するような大災害になるという哀しい歴史を繰り返してきたのが津波なのである。我々はその歴史的な教訓に謙虚に学び、そのための努力を怠らないようにしなければならない。

　その方法の一つは、津波災害を記録し、恐怖と教訓を伝える災害文化、例えていえば各地に建立されている津波記念碑などに対してもっと照明をあて、社会教育のために生かすことである。そのためにこそ、当時の人たちは、浄財を募ってこうした記念碑などを建立し、残したのである。だが、これらの記念碑は、百余年の長きにわたって雨風にさらされて来たため、すでに石材そのものが風化しはじめているのに加えて、当時の文章スタイルの問題もあって、残念ながら今では、記述してある内容そのものを読み取り、理解することすら難しくなっている。したがって、その保存と書かれている教訓を伝承する手段方法については、これはこれとして別に考えなければならない。

　これに対して、今その由緒を述べている洞雲寺の大位牌「丙申大海嘯溺死者諸精霊等」には、前述のように、津波に命を奪われた数多くの御霊の俗名が、黒漆による下地に赤の漆文字で、鮮明に、しかも表面いっぱいに書き詰

められていて、一目するだけで、思わず合掌し、当時の惨状と津波の恐怖に思いを馳せられるものとなっている。

　なお、この大位牌は、国内の地震津波関係の学者研究者の間でよく知られているだけでなく、ドキューメンタリフイルム（「キラーウエィブ」）などで、アメリカをはじめ、広く海外にも紹介されており、内外から見学に訪れる関係者も少なくない。

　現在は、御住職・清水瑞邦師と檀家の方々、その存在を知る津波関係者の範囲に止まっているこの大位牌に、少なくとも岩手県の「指定有形文化財」としての光を当てることによって、広く、その存在を知らせ、明治三陸津波の史実と教訓を学ぶための、いわば一つの教材にしていただきたいものと念じている。

参考文献
『大船渡災害誌』『三陸津波誌』『三陸町史第四巻津波編)』（大船渡市）
『1896明治三陸地震津波報告書』（中央防災会議）
『哀史三陸大津波』（青磁社）『津波の恐怖』（東北大学出版会＝山下文男）
等

付-2
『津波いろは歌留多』

原案＝「津波対策いろはかるた」（143頁）盛岡気象台・宮古測候所（1957）
改訂新版（2006年）＝山下文男・小松原琢
解説＝山下文男

（い）一度逃げたら、低地に下がるな

　昭和三陸津波の時、ぼくの友だちのお父さんは、一度は高い所に逃げて助かったのに、財布を持ち出そうとして低地の家に戻ったまま、つぎの波にさらわれて死んでしまった。こんな悲劇が津波のたびに繰り返されている。

（ろ）論より実行、津波対策

　津波は、私たち人間の都合と関係なく、明日にでも襲って来るかもしれない。避難道路の整備や災害地図（ハザードマップ）の作成など、必要だと気づいたら議論ばかりしていないですぐ実行に移したい。

（は）はじめて安心、警報解除

　津波は1回だけでなく繰り返し襲って来る。昭和8年の津波の時は、大きいのは3回だけだったがチリ津波の時には延々と朝から夕方まで押したり引いたりを繰り返した。だから警報が解除されるまで安心できない。

（に）日本は、世界一の津波国

　日本の国土は、周囲を海にかこまれているだけでなく、北から南まで、太平洋側からたえずもぐり込んで来る岩盤（プレート）の上に乗っかっており、

インドネシアとならぶ世界1、2の津波国なのである。

(ほ) 防潮堤への、過信は禁物

防潮堤の高さには自ずと限界がある。北海道南西沖地震のとき、奥尻島の青苗地区は4.5 mの防潮堤にかこまれていたが、約10 mの津波は難なく防潮堤を乗り越え、内側の家は1軒も残らず流されてしまった。

(へ) 下手な思案より、先ず避難

あれ持って行こうか、いや必要ないかな。けれど……。あれこれと思案している間にも津波はどんどんこっちに向かって来る。なにしろ深海では時速約700km、近海に来てからでも新幹線ぐらいのスピードがある。

(と) 遠くの地震でも、油断をするな

チリ津波は、地球の裏側のチリ沖で起こった大地震による津波だった。その代わり、三陸津波など、こちら側の地震で発生した津波も、太平洋を横断してハワイやアメリカ大陸の側に押し寄せて行く。津波に国境はない。

(ち) 地震があったら、津波の用心

津波は、海底で起こる地震で発生する。実際に津波が来るか来ないかは震源の深さや地震の規模（M）にもよるが、沿岸地域にいて地震にあったら、揺れの大小ににかかわらず、まずは津波に用心することだ。

(り) 流言飛語に、惑わされるな

災害が起こると一般に人々の気持ちが不安定になり、デマが飛び交ったりする。関東大震災の時は、そのために何千人もの罪のない人々が虐殺された。根も葉もない噂を信じて人の尻馬にのらぬよう注意が肝心。

(ぬ) ヌルヌル地震は、津波地震

揺れの弱い割には大きな津波を発生させる「津波地震」は、ヌルヌルとし

た感じの、長く揺れている気持ちのわるい地震だという。明治三陸津波のときの地震は震度２〜３の弱震だったが５分間も揺れていた。

（る）ルートは良いか、避難場所まで

昭和三陸津波の時、唐丹村本郷の人たちが一団となって高台のお宮を目指していた。が、先頭がつまずき将棋倒しになったところで、みんな波に浚われてしまった。道幅や障害物など、避難ルートは定期的に点検しよう。

（を）終わりにしよう、迷信俗説

昭和の三陸津波のとき、津波の前には井戸水がからっぽになるとの言い伝えを信じたばかりに逃げ後れた人たちがあった。津波の前には鮪やイワシが大漁などの俗説もある。非科学的な噂や言い伝えを信ずるのはやめよう。

（わ）私たちの地域は、私たちで守る

その自覚は、みんなの知恵を集め、みんなの力を結集する。体の不自由なお年寄りや障害者に対する災害時の援助など、大人も子どもも、日頃からみんなでよく話し合って役割を決め、訓練していざという時に備えよう。

（か）海水浴場、注意が出たらすぐ退避

泳いでいると地震があっても体に感じないことが多い。津波注意報の知らせがあったら、まごまごしないですぐ海から上がり、監視員の指示に従って機敏に避難しよう。砂浜では30cmの津波でも非常に危険。

（よ）夜中の地震に、用意の懐中電灯

強い地震が起こると間もなく停電し、暗闇になると思わなければならない。寝床や茶の間、玄関など、要所要所に必ず海中電灯を備えて置き、時々、電池を確かめるなど、真っ暗になっても行動できるようにしておこう。

（た）高い所に、津波なし

単純明快、津波が押し寄せてきても、高い所に住んでいれば危険がないし、低い所にいても、すぐ高台に避難すれば津波の難を逃れることができる。だから何よりの津波対策は「低い所に家を建てるな」ということ。

(れ) 歴史の教え、津波は大量殺人魔
「津波を伴う地震の被害は主として津波による」といわれるように、史上1万人以上が死んだ地震災害の大半は津波による溺死であった。そのためアメリカなどでは、津波を称して「キラー・ウエーブ」とも呼んでいる。

(そ) 率先参加、命を守る防災訓練
「防災訓練に参加して下さい」と言うと、この忙しいのにと小言を言う人もいれば、消防団にわるいから出ようという人もある。防災訓練は、地域に住むみんなの命を守る訓練なのだから率先参加が当たりまえ。

(つ) 津波警報、迷わず走れ高台へ
　津波警報による避難命令が出ても、テレビやラジオの津波情報を勝手に解釈して、ま、大丈夫だろう！　などと自己判断し、なかなか避難しない人たちがいる。自分のためだ。迷わずに急いで避難場所に走ろう。

(ね) 寝る前に、避難路確認、旅の夜
　観光地やホテル火災などの後でいつも問題になるのは、避難路がわからなかったとか、事前の確認を怠っていたなどによる惨事である。従業員の事前の説明をよく聞くだけでなく、自分でも確認してから寝るようにしよう。

(な) 長い地震は、津波の前触れ
　津波を発生させる地震の共通の特徴は、揺れの強さの大小に関わらず、揺れている時間が比較的長いことである。明治の三陸津波などは5分もの長い揺れだった。長い地震は特に注意が肝心と心得ておくこと。

(ら) ラジオの電池は、必ず予備を

停電でテレビが見られなくなったとき携帯ラジオは情報源としてたいへん重要になる。が、電池が切れていたり、聞いてる途中で切れてしまったのでは何にもならない。必ず予備の電池を複数備えておくこと。

(む) 無駄と思うな防災予算

防波堤や防潮堤建設など億単位の大事業に予算を惜しまない割には、過去の津波の潮位表や津波注意の立て看板、防災教育など、防災意識のための事業に対してはなかなか予算がつかない。たいへん可笑しなことだ。

(う) 海は怖いぞ、侮(あなど)るな

1983年日本海中部地震の際の津波による溺死者100人中、18人が釣り人たちであった。地震の後でも知らぬが仏で釣りをしていた人が多かったという。海に遊びに来るなら津波の知識ぐらいは持っていること。

(ゐ) ゐろりの火を消せ、揺れたらすぐに

海岸にいて地震があったら津波の用心だが、同時に忘れてならないのは火元の始末である。不思議なようだが、津波と火事はつきもので、田老、釜石、最近では奥尻島の青苗など火責め水攻めの惨禍に遭っている。

(の) 延ばすな急げ、津波対策

今、東海地方から南海地方にかけては、東海、東南海、南海地震の危険、東北の太平洋沿岸地域では宮城県沖地震の危険が叫ばれ、ともに津波対策が最重要課題になっている。いずれ、きめ細かな施策が急がれる。

(お) 沖の船舶、避難は沖へ

津波が押し寄せて来たとき沖にいる船は、全速力でより沖のほうに逃げるのが正解である。沖に行くほど安全で、岸に近づくほど危険だからである。が、その時どうするかは、船主や船長の咄嗟の判断にかかっている。

(く) 車を使わず、走って逃げよう

　車社会になって新しい問題が出てきた。北海道南西沖地震の経験だと、キーを探すのに手間取ったり、物を積み込もうとして逃げ後れたケースが多く、車を使わず走って逃げるほうが安全性が高いとの結論になった。

(や) 闇の中でも、逃げられる備えと訓練

　停電による暗闇の中での逃げ支度は、家庭内でも混雑が予想される。ふだんから家族銘々の衣類や履物、懐中電灯の置場などをはっきりさせておき、年に一度ぐらいは、暗闇のなかで実際に訓練してみたい。

(ま) 万一の、ための知識が身を守る

　海岸にいて地震があったら津波の危険がある。津波は海が落ちつくまで何度も繰り返す。津波は通常の波と異なって早くて浚う力が強い。例えばこういう知識を身につけているかどうかが実際の場に臨んで明暗を分ける。

(け) 警報は、みんなを助ける避難の合図

　津波警報に限らず、警報があって避難したけれども結果としてたいしたことがなかったということがある。寒いところを起こされて、などと不満を言う人もいる。何故、津波が来なくて良かったと考えないのだろう。

(ふ) 不意の地震に、ふだんの用心

　東京、数寄屋橋公園にある関東大震災の記念碑に刻まれている有名な言葉である。津波についても同じ。津波の直後には恐ろしい、怖いと言うが、年月を経るごとに忘れ去られてしまう。不意の津波に、ふだんの用心。

(こ) 子どもの時から、防災教育

　日本は地震と火山と津波の国であり、台風による風水害の国でもある。日本国民として暮らして行くためには、これらの自然災害に対する一応の知識

と心得が不可欠であり、子どもの時からの防災教育が欠かせない。

(え) 沿岸の釣り場は、津波の危険地帯
　数年前の夏のある日、津波注意報が発令された。2、30人が堤防釣りをしていたが、広報車による呼びかけや消防団員の熱心な説得にも関わらず、内陸部から来たという数人の若者たちはついに避難しなかった。

(て) 天災は、今すぐにでもやってくる
　「天災は忘れた頃にやって来る」は寺田寅彦博士の名言だが、日本海中部地震津波と北海道南西沖地震津波の間は僅かに10年、そして今、明日にでもやって来るかも知れないと宮城県沖地震津波の危急が告げられている。

(あ) 上げ潮に、まさる引き波の威力
　津波は陸地に駆け上がって暴れまわった後、壊した家や倒した人間を片っ端から捲き込んで引いて行く。その威力は物凄く、港が漂流物で一杯になるだけでなく、死者のほぼ半数近くは海の藻屑となって死体が揚がらない。

(さ) 災害弱者への援助は、自主防災で
　お年寄りや体の不自由な人など、災害弱者の人たちは自分だけでは避難できないから誰かの手助けが必要になる。自主防災では、組織としてそういう人を援助する係と方法を決めておき、避難訓練して備えるようにしたい。

(き) 機敏な避難が、何より一ばん
　津波対策は、防潮堤の建設、津波の監視と情報の敏速化、津波体験の伝承と防災教育等々、多面的な施策と努力を必要とするが、結局は、いざという場合に人々を如何にして機敏に避難させるかがいちばん重要な問題になる。

(ゆ) 揺れたなら、机の下にもぐりこめ
　学校では揺れたらすぐ机の下にもぐりこめと教えている。地震の後、津波

が押し寄せてくるとしても、取り敢えずは地震から身を守らなければならない。そして揺れがおさまった後、先生の指示に従って避難するのが正解。

(め) 面倒だと思うな、親子の防災対話

津波だけでなく自然災害の多い国だから、年に一度ぐらいは家長の責任で防災家族会議を行うよう国をあげて習慣化したい。こうして親子が語り合っていれば、いざという時にも、あまり狼狽することがないはずだ。

(み) 見張り人たて、海の警戒

津波潮位監視システムなどの導入で、地震の後、消防団や漁師たちが海を警戒するなどあまり見なくなった。危険視する人もいる。だが原点は、昭和の三陸津波の時のように、あくまでも直接人間の眼と耳で監視すること。

(し) 消防団は、地域防災の大黒柱(だいこくばしら)

災害になると、ボランテアから自衛隊まで、さまざまな人たちが援助に現れる。が、消防団の平時からの草の根的な活動があるからこそ、他からの援助もしやすくなる。消防団の義勇とその活動はもっと称揚されるべきだ。

(え) 演習は、重ねるごとに巧くなる

演習も訓練も、重ねること持続することで巧みになるのは理の当然。消防団では訓練の後、必ず点検と総括で次に備えているが、自主防災組織もそれにならって度を重ねるごとに訓練の内容を高めていくようにしたい。

(ひ) 低い所に、家を建てるな

三陸海岸では、海面からさほど高くない狭い低地に住宅が密集している地域が少なくない。そのためもあって明治の津波でも昭和の津波でも大被害になり「高い所に津波なし、低いところに家を建てるな」の教訓になった。

(も) 物や金、その執着心(しゅうちゃくしん)が怪我のもと

昭和三陸津波の時、お金や物に執着したばかりにどれほど多くの人たちが死んでいったかはかりしれない。そのため逃げ後れた人、折角逃げたのに家に戻って流され人等々。「命あってのものだね」とはよく言ったもの。

(せ) 正式の発表以外は信ぜず語らず

昭和8年の津波の後、またも津波が来るとの噂を信じた人たちがフトンを持って山に逃げた。北海道南西沖地震の後でも檜山支庁の一部で同じようなことがあり80人余が高台で一夜を過ごした。勿論、ともにデマだった。

(す) 素早い避難、自分の命は自分で守る

昭和三陸津波の時、高山いわさんは3人の子どもを連れて崖の下にたどりつき、1人ずつ崖の上に避難させていたが、3人目を抱え上げた瞬間、津波に追いつかれて沈んでしまった。何秒かの避難の遅れによる悲劇だった。

(ん) 運より準備、ふだんの訓練

運が良かったとか悪かったとか言う。が、災害時にもっとも当てにならないのが「運」であり、当てにしてはいけないのも「運」である。そして最も当てにできるのが、自分自身が防災訓練で身につけた知識である。

『津波いろは歌留多』の原案について

山下文男
小松原琢（産業技術総合研究所・地質情報研究部門）

　第23回「歴史地震研究発表会」（歴研2006大船渡大会）に於いて山下は、「盛岡気象台と宮古測候所の防災啓蒙資料（1957）『津波対策いろはかるた』について」という演題で講演を行った。これは、津波の常襲地帯といわれてきた岩手県の盛岡気象台と宮古測候所が、昭和32（1957）年12月、即ち、今から約50年前に、地域住民の防災教育のために考案し、内容のより充実を期して地元住民の意見を求めるべく、当時の盛岡気象台長であった山本正己による注釈付で公表されていた『津波対策いろはかるた』（次頁）を紹介するものであった。原資料は山本氏から、当時、東京大学地震研究所の助教授（後、教授）だった宮村攝三氏宛に手紙に添えて送られて来ていたものである。
　見ると、なかなかの傑作と思われるもの、少々ぎこちないもの等々、様々だが、全体として今日でも津波防災のための合言葉や戒めとして活かせるものが少なくないし、何よりも「津波常習地」の気象台や測候所として、津波防災教育のために心を砕き、努力していたことを物語る貴重な資料といえる。
　当、「津波対策いろはかるた」の作成から約50年を過ぎた今日、地震や津波のみならず、自然災害に対する防災情報の拠点として各地で地域住民の頼りにされ、実際にも地域防災のためにきめ細かな活動を行ってきた全国の測候所が、政府の方針によって、原則、全面的に廃止されることになり、防災上の問題として研究者の間でも論議を呼んでいる。
　ついては宮村攝三氏の提供と協力を得て、津波常襲地帯における気象台と測候所による津波防災教育のための活動と努力を示す歴史的な資料として、ここに改めて、原文をそのまま紹介し『歴史地震』に記録しておくことにし

（原案）『津波対策いろはかるた』
（盛岡地方気象台・宮古測候所）昭和32（1957）年12月

(い) 一度逃げたら二時間お待ち
(ろ) 老人子供の避難を先に
(は) 初めて安心警戒解除
(に) 逃げ口必ずふだんの用意
(ほ) 防波堤で一村安心
(へ) 下手な思案より先ず退避
(と) 遠い地震でも油断はするな
(ち) 地震の後は津波の警戒
(り) 流言ひ語に惑わされるな
(ぬ) 盗人よりも暴れる津波
(る) 留守と津波に心の鍵を
(を) 終わりにしよう津波の災害
(わ) 忘れるな津波の大きな被害
(か) 各戸に備えよ懐中電灯
(よ) よしましょう、ためらい、あわて、よくばり
(た) 高い所に津波なし
(れ) 例年手入れよ防潮林
(そ) そろって避難終わって点呼
(つ) 常に備えよ非常袋
(ね) 眠る夜半にも津波は来る
(な) なんにもならない迷信すてよ
(ら) ラジオで知らせる津波警報
(む) 無理して怪我すな大事な体
(う) 海を背に近道逃げよあわてずに

(ゐ) ゐろりの火も消せ地震の避難
(の) 延ばすな津波の防災対策
(お) 沖の船舶避難は沖へ
(く) 苦しい経験記念碑に
(や) 薬品、食料非常袋に
(ま) 毎年つづけよ津波の訓練
(け) 警報文は「ツナミオソレ」「ヨワイツナミ」「オオツナミ」
(ふ) Ｖ状湾奥最大の津波
(こ) 子供の時から津波の教育
(え) 映画も津波も啓蒙宣伝
(て) 天災は今すぐにでもやってくる
(あ) 上げ潮にまさる引き潮の威力
(さ) 三陸海岸津波の本場
(き) 近所の人を誘って避難
(ゆ) ゆらゆら地震津波の警戒
(め) 滅多に起こらぬ津波を忘れず
(み) 見張り人たて海の警戒
(し) 震災よりも火災を防げ
(ゑ) 演習通りに津波の退避
(ひ) 避難道路は低地を避けよ
(も) も少しと思う心がけがのもと
(せ) 正式の発表以外は信ぜずいわず
(す) す早く避難定めたところへ
(ん) 運より準備

た。なお、この『津波対策いろはかるた』のその後について、盛岡地方気象台に照会したところ、残念ながら同気象台にも宮古測候所にも見当たらないし、その後、どうなったかを知る者もいないとのことであった。

ところで、この講演と前後して、NHK盛岡放送局による追跡調査と報道のほか、複数の新聞による紹介報道、『月刊ポータル＝PORTAL』による「50年前にも考えられていたソフト対策〔津波いろはかるた〕で防災教育」という記事など、各方面から予想を越える関心が寄せられた。いずれも、この『津波対策いろはかるた』の存在に注目するとともに、現代の津波防災教育に活かすべきであるという趣旨のものであった。

　同様の観点から、山下は、雑誌『近代消防』（2006年12月号）に「『津波いろはカルタ』について」を執筆し、これをより良いものにするための意見を求め、さらには出版の実現に協力してくれるようにと訴えた。

　その結果（プロセスは省略するが）山下と小松原との共同作業によって、盛岡気象台と宮古測候所が1957年に発表した原案を基に、津波防災の今日的な到達点を踏まえた、前記のような『津波いろは歌留多』を新たにまとめあげることができた。

「流言飛語に惑わされるな」「沖の船舶避難は沖へ」等々、幾つかは原案のままだが、多くは、原案に触発され、参考にしながら、新たに作成したものである。

　山下の執筆によるそれぞれ100字の解説文を付した（前記）ので、これからの津波防災教育のために役立てていただければ幸甚である。

　　　　　　　　　　　　　（『歴史地震』第22号（2007）169-171頁より）

おわりに

　1982年に刊行した『哀史三陸大津波』（青磁社）以来、出版した地震津波関連の拙著は、この本で10冊を超えることになる。これらの著作や講演の中で私は、大量死という、津波災害の分けても忌まわしい特徴を明らかにするとともに、三陸津波をはじめ、津波災害の歴史的教訓に則して、機敏に避難すること、避難させることが津波防災の究極のテーマであると訴えつづけて来た。災害で失われるものは数多いが、命より大切なものはこの世にない。この単純な考え方が、少々おこがましいが私の防災思想の核心なのである。

　ある時、拙著の一冊に対して「学者が書く啓蒙本より説得力があるのは」「体験に裏打ちされているからだろう」との書評を頂いたことがある（2005年4月10日『読売新聞』）。
　元々、私の津波防災活動は、万余の命を奪った明治と昭和の三陸津波、個人的には一族9人の命を奪い去った津波への深い恨みが原点となっており、体験した「事実の重み」ということであろう。が、然し。こうした啓発活動は、体験の有無に関わらず本来は地震や津波の専門家の仕事であり、使命のはずである。
　昔、戦前から戦後も1950年代頃までの学者・研究者、気象台の職員などは、それぞれの専門的な研究や活動分野を超えてみんなそのために努力した。今や国民の合言葉化している「天災は忘れたころに来る」の名言を残したばかりなく、防災知識の向上を訴えつづけた寺田寅彦博士、自身の地震学を敢えて「防災地震学」とし、生涯、国民の間における防災知識の普及のために取り組んだ今村明恒博士、「三陸地方小国民のために」と『津波のよけかた』を著した森田稔仙台気象台長、住民の津波防災意識の向上のために『津波対

策いろはカルタ』(p.153) を考案した盛岡気象台と宮古測候所の職員たちの活動等々、実例はいくらでもある。

　隔世の感といっても過言ではないと思うが、わが国の地震研究や津波研究は、当時と比べて今日格段の進歩を遂げ、緊急地震速報システムの開発でほとんど瞬時に大地震の発生が予測可能になったとか、GPS を利用した監視システムにより、津波到達の 10 分前に予測が可能になったなど、目を見張るものがある。然し、この本にも書いたように、研究や開発によるそうした成果を実際に生かすのは、住民であり、その防災知識と意識のはずだが、研究や開発の成果に見合った防災教育が立ち遅れているため、予報システムに対する信頼と依存心と安心感だけが一方的に広まり、避難勧告や避難命令が出ても住民がなかなか腰を上げないということが現場で問題になっている。

　多分、そういう現状をも意識してのことだろう。東大地震研究所では 2008 年の 3 月から「地震や火山の研究成果を一般むけにわかりやすく伝え」るための専門的な広報活動に乗り出すことになったという。重要なことである。
　その昔の昔。東大地震研究所の先祖ともいえる文部省直轄の**震災予防調査会**の活動は「研究と予防」という、互いに切り離せない二つの柱から成り立っていた。だが、関東大震災を機に、その仕事のうちメカニズムの研究など主要な部分は、新たに組織された現在の東大地震研究所に受け継がれ、付随する震災予防のための啓発活動は、文部省による予算援助団体としてこれまた新たに設立された、似たような名称の**震災予防評議会**に受け継がれて、震災予防調査会は発展的にその歴史を閉じたのであった (1892-1925 年)。

　ところが 1941 年。太平洋戦争を前にした戦時行政改革の煽りをくって、地震研究所は辛うじて解散を免れたが、震災予防評議会は文部省から予算を打ち切られて解散を余儀なくされてしまった。そこで、こうした軍国政府のやり方に批判的だった今村明恒博士は、東奔西走しての資金集めと心ある学者たちの協力を得て (無関心、ないしは足を引っ張るような学者もいたらし

い)、似たような名称だが全くの別組織である財団法人・**震災予防協会**（現存）を立ち上げ、震災予防調査会以来の伝統の一つである震災予防に関する啓発活動の命脈を保とうと努力した。だが、抗すべくもなかった。震災予防評議会の活動が、政府の直接的な保護を失うとともに、地震や火山や津波に関連する啓蒙活動が、ほかならぬ学者・研究者の間で、しだいに軽視されるようになり、戦後も60年代以降になると、実際上、まるで余技みたいな位置づけとなって今日に至っている。p.103-107で批判的に書かせてもらったが、政府の出先機関も参加している有名な津波研究会の『津波ハンドブック』に「ちょっと」ばかりでない「ピンボケ」したアドバイスが載ったりするのも、関係する専門家が問題を軽視し、余技みたいに思って手抜きしている結果にほかならない。こうして今や、メカニズムの解明と監視システムや予報システムなどは進歩発達したけれども、啓発活動の立ち遅れのため、予報が出ても住民の避難行動が鈍いなど、憂うべき事態に立ち至っているのである。そうした歴史と現状を考えると、東大地震研究所の今回の改革は「遅ればせながら」の感は免れないにしても、地震学草創期の原点に立ち返ろうとする、時宜をえた取り組みと考えてよい。

　本シリーズの前の『シリーズ日本の歴史災害』の巻頭言で筆者の小林芳正京大名誉教授は、災害は本質的には社会現象であり「先祖たちの痛切な体験がたちまち風化して子孫に伝わらないのは悲しいことである」と指摘して、被災体験伝承の重要性を強調しておられる。

　同様の考えに立つ私は、数年前から国または県による『津波伝承館』の設置を提唱して方々にはたらきかけて来た（p.110）。然し、残念ながら、先の短い私の生存中には実現が難しいようである。中央防災会議のメンバーを含む錚々たる学者・研究者の賛同を得、激励も受けたのだが、結局は、民間の一研究者の言として、軽く聞き流されてしまった感じである。納得できないのは、趣旨には賛成だが政府には金がないから？　などとお先回りし、はじめから諦めていることである。かつて1935年、義務教育課程に地震知識の教材を取り入れるよう、文部大臣の出席する集会（6.19日本クラブ）で

舌鋒鋭く迫り、ついにはそれを実現させた今村明恒博士が存命であったら……と、思わずにはいられない。何れにしても本当は、金ではなく、伝承の重要性、そのための伝承館の必要性をどの程度に理解しているか、感じているかであろう。熱意の問題と言ってもいい。

「災害を防ぐには……人間がもう少し過去の記録を忘れないように努力する以外にはない」（「津波と人間」『寺田寅彦全集』第7巻、岩波書店）
　かつて東京大学地震研究所の創立メンバーであった寺田寅彦博士も、こう力説していたではないか。思えば情けない限りである。

　最後に、この意義あるシリーズの一冊として拙著を取り上げて頂いた古今書院の皆様に感謝しつつ筆を置くことにする。
　　　　2008年6月22日　　　　　　　　　　　　　著　者

著者紹介
山下文男　やましたふみお

著述家。1924年岩手県気仙郡綾里村石浜生まれ。明治の三陸津波で一族9名が溺死。自身も少年時代に津波や東北大凶作を体験した。1986年より歴史地震研究会会員として津波防災活動に従事。
主な著書に、「哀史三陸津波」(青磁社)「戦時報道管制下・隠された大地震津波」「津波てんでんこ－近代日本の津波史」(新日本出版社)「津波ものがたり」(日本科学読物賞・北の児童文学賞受賞)「星はうつり雲は流れても－東南海大地震秘話」(童心社)「津波－TUNAMI」(あゆみ出版)「津波の恐怖－三陸津波伝承録」(東北大学出版会)「昭和東北大凶作－娘身売りと欠食児童」(無明舎)

2000年、「日本自然災害学会賞」功績賞受賞。
2003年、平成15年度防災功労者。

シリーズ繰り返す自然災害を知る・防ぐ　第2巻

書　名	津波と防災－三陸津波始末－
コード	ISBN978-4-7722-4117-5 C3344
発行日	2008年9月1日初版第1刷発行
著　者	山下文男
	Copyright © 2008　YAMASHITA Fumio
発行者	株式会社古今書院　橋本寿資
印刷所	株式会社カシヨ
製本所	株式会社カシヨ
発行所	古今書院
	〒101-0062　東京都千代田区神田駿河台2-10
電　話	03-3291-2757
FAX	03-3233-0303
振　替	00100-8-35340
ホームページ	http://www.kokon.co.jp/

検印省略・Printed in Japan